二瓶弘行・青木伸生 編著
国語“夢”塾 著

国語
説明文の
授業技術
大全

明治図書

序章

確かな「言葉の力」を獲得させるために

桃山学院教育大学　二瓶弘行

子どもたちに「自力読みの力」を与えよ

言うまでもなく、国語科の「基礎・基本」とは、「言葉の力」そのものです。けれども、悔しいことですが、国語科は曖昧な教科とよく言われます。子どもたちに獲得させるべき力が不明瞭であり、授業を通して何を教えるのかが明確でない、ということです。

私たち教師は、この確実に獲得させるべき「言葉の力—基礎・基本」を明確に整理して、国語授業に臨む必要があります。

例えば、ここに一編の文章があります。

東京書籍の1年国語教科書に掲載されている『いろいろなふね』という説明文。この説明文を学習材にして、十数時間の授業時数で、私たちはいったいどんな「言葉の力」を子どもたちに獲得させればよいのでしょうか。

確かに、この説明文に書かれている内容を正確に読み取る力は必要です。

だから、4種類の船を例に述べられている「船の役目とそのためのつくり」の内容を理解することを授業のねらいとします。そのために、丁寧に叙述を読み取っていく学習が中心となるでしょう。

けれども、**ただ情報を正確に受け取る、それだけの読解学習を繰り返している授業は、だれもが否定するに違いありません。**

いくら、「船の役目とそのためのつくり」をよくわかったとしても、子どもたちの「言葉の力」が向上したとは言えないからです。極端な言い方をすれば、船のことを知らなくても、彼らの人生にほとんど影響がありません。

この『いろいろなふね』の学習を終えた子どもたちが、次に新たな説明文に出会ったとき、ここで学んだ読み方を駆使できてこそ、「言葉の力」を獲得したと言えます。

そして、さらには、**他の教科、領域でのあらゆる学習場面において出会う説明文を自ら読み進める力「自力読みの力」こそ、国語教室ではぐくむべき「言葉の力」**なのです。

説明文で獲得すべき「言葉の力」

なぜ説明文の学習をするのか。私の国語教室の子どもたちに次のように話してきました。

1年生が読む短い説明文にも、6年生が読む長い説明文にも、どんな説明文にも、その文章を書いた筆者がいます。筆者は、自分の伝えたい事実や考えを読者にわかってもらうために、言葉を選び、文をつくり、段落を考え、様々な工夫をしながら、文章を書きます。

説明文を読むとは、この筆者が「伝えたいこと」を、正確に、「なるほどね、わかったよ」と納得して受け取ることです。

ただ何となく文章を読んでいては、決して筆者の「伝えたいこと」を納得して受け取ることはできません。筆者が「伝えたいこと」が、どのように表現されているかを考えることが必要です。そして、その表現の仕方（論の展開の仕方）について、そのよさ、または改善点を自分なりに考えてみることが重要です。

さらには、筆者の「伝えたいこと」、考えや意見に対して、読者として自分の感想をもつこと。

　それができたとき、はじめて「自分はその説明文を確かに読んだ」と言えます。また、そうすることが、説明文を書いて何かを自分に伝えようとしてくれた筆者への「礼儀」なのです。

　これらの説明文を読む力を獲得することは、これからの人生で出会う様々な説明文を読むためにとっても大切なこと。だからこそ、教室での説明文の学習があるのです。


以上を踏まえ、私は、説明文を学習材に獲得させるべき「言葉の力」を以下の3点で大きく捉え、そのための授業技術を磨く必要があると考えています。

①筆者が「伝えたいこと」（事実・考えの中心＝要旨）を正確に受け取る力
②筆者の「伝えたいこと」の伝え方のよさと改善点を検討する力
③筆者の「伝えたいこと」に対して、自分の意見・感想をもつ力

もくじ

序章　確かな「言葉の力」を獲得させるために

第1章　単元構想の技術

第2章 発問の技術

第3章 板書の技術

第4章 教材・教具活用の技術

第5章 音読指導の技術

第6章 発表指導の技術

第7章　話し合い指導の技術

第8章　ノート指導の技術

第9章　評価の技術

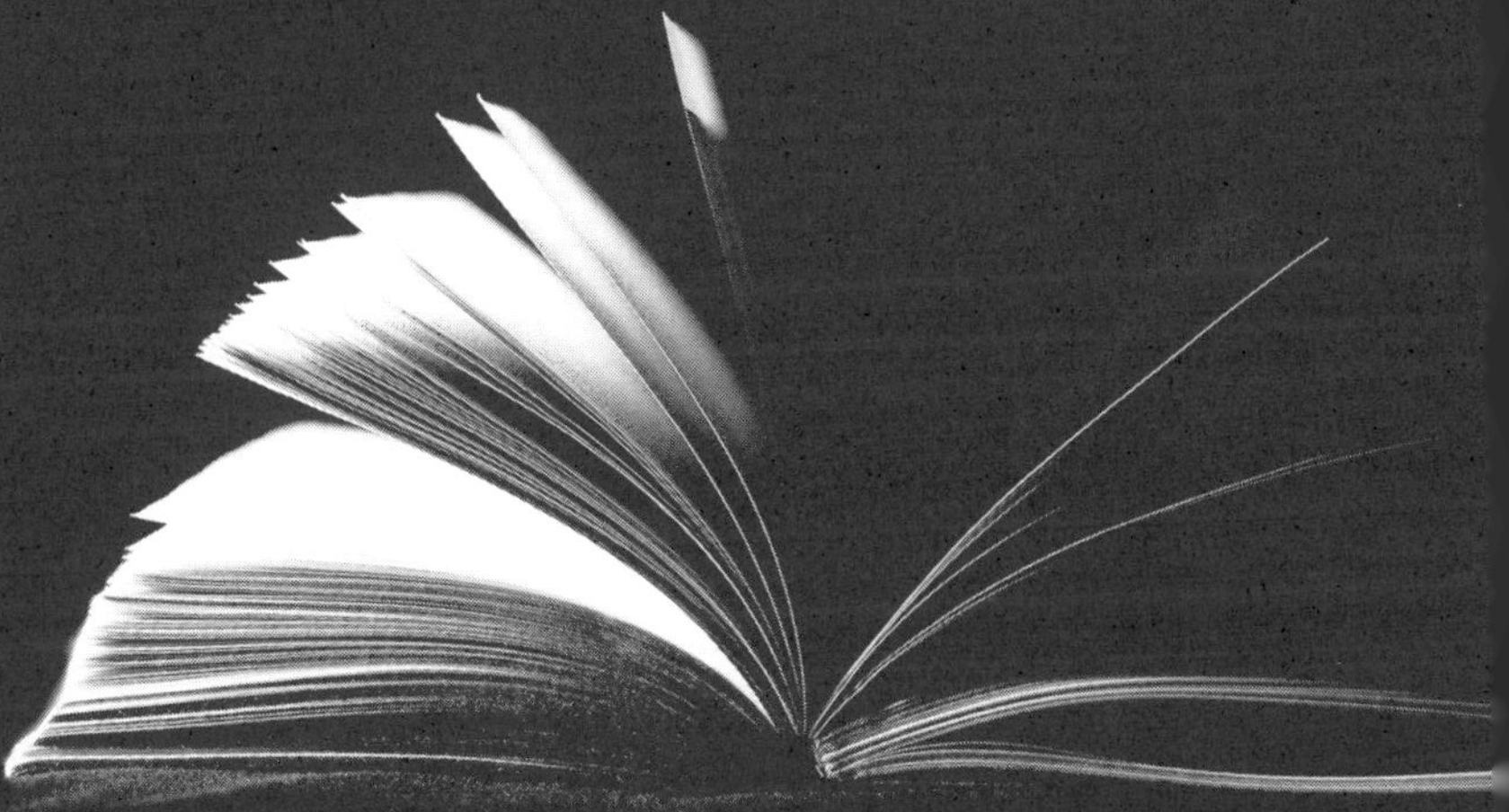

第1章 単元構想の技術

Chapter 1

「何のために学習するのか」を吟味する

要旨を捉え、批評する力を伸ばすため

説明文の単元を構想するにあたり、まず考えなければならないのは、**「説明文は何のために学習するのか」**ということです。これは、説明文の授業づくりにとどまらず、また国語科の単元づくりに限らず、授業をつくるときには、「何のために」がまず一番先に考えられるべき視点で、その次に、「何を」「どのように」という発想で進んでいくはずです。

では、説明文の授業は何のために行うのか。改めて考えてみます。

国語科という教科の中で行われる「読むこと」の授業ですから、答えはいたって簡単で、それは説明文を読む力をつけるため、伸ばすため、ですよね。

では、説明文を読む力とは何でしょうか？　子どもの姿で、何ができれば、「説明文を読む力がついた」と評価できるのでしょうか。もう少しかみ砕いて考える必要があります。

説明文とは、筆者が読者に対して何かを伝えたい、主張したいと考えて書かれた文章です。ですから、説明文を読むとは、**筆者の伝えたいこと、主張を捉え、自分の言葉で書くことができることが、まず大切**です。筆者の伝えたいこと、主張したいことを整理してまとめたものを「要旨」と言います。ですから、高学年の段階で、子どもが説明文を読んで要旨を的確にまとめることができれば、説明文を読む力がついていると評価できるわけです。

今、「まず大切」という書き方をしましたが、説明文を読む学習のゴールは、ここ（要旨をまとめること）にはありません。次の段階があります。それは、**筆者の主張を捉えたうえで、読者としての自分（子ども）自身が、批評する**ということです。批評とは、平たく言えば、筆者の言いたいことに対して、自分は賛成か、反対か、あるいは、筆者の言いたいことについて納得がいくかいかないか、ということです。

大人が意見文や論説文などを読んだときに、「筆者の言いたいことはわかるけれど、自分はそうは思わないな」とか、「筆者の言いたいことは、自分の考えとほぼ一緒だな、よくぞ言ってくれた」などと、反応しますよね。読者として、情報の受け取り手として、こうした反応はとても大切です。今の世の中、身の回りには、無限に、と言っていいほど情報があふれています。その中から手にした情報を、何の考えもなく受け取って、受け入れてしまうことがどれだけ危険なことなのか、私たちはよく知っています。これからの世の中を生きていく子どもたちにとって、情報を鵜呑みにしないということは、必須の感覚です。だからこそ、説明文を読む授業の中で、**情報を捉える力に加えて、情報を吟味する力、批評する力を伸ばしていかなければなりません。**

説明文の単元を構想する際には、ここまでが視野に入れるべき最低ラインです。

自分の主張を表現するため

前述の目的からさらに一歩進めると、それは、**自分の主張を表現する力を伸ばすため**だと言えます。つまり、教科書などに書かれている説明文をお手本にして、自分が自分で考えを表現するための文章を書くことができるようになるためです。

教科書に掲載されている文章は、限られた文量の中で、コンパクトに、しかも的確に内容がまとめられているはずです。その文章を、子どもが自分のお手本にすればよいのです。

小学校の教科書に掲載されている説明文は、大きく分けて次ページの４種類しかありません。その４つの型を身につけるように単元を構想すれば、子どもの文章表現力は大きく伸びるはずです。

A　時系列型…時間や事柄の順序に沿って書かれている。
B　尾括型……書き手（筆者）の伝えたいことが、文章の後ろの方にまとめられている。
C　頭括型……書き手（筆者）の伝えたいことが文章の前の方にまとめられている。
D　双括型……書き手（筆者）の伝えたいことが文章の前の方と後ろの方の両方にまとめられている。

Aの型は、低学年によく出てくるものです。時系列型の文章は、尾括型や頭括型と組み合わされる場合もあります。

説明文の学習を、単なる理解にとどめることなく、**読むことと書くことで関連させて学ぶことができると、子どもの思考力と表現力とは両輪をなして伸びていきます。**学習指導要領で、「思考力・判断力・表現力」が同じ資質・能力の範疇にまとめられていることも納得できます。

説明文の単元を構想するときには、そこで学んだことを、表現にもつなげていこうという、指導者側の意識が大切です。

知的好奇心を満たすため

筆者が伝えたいことを、どのような論の展開で読み手に伝えようとしているのか、どのような表現の工夫があるのかを捉えることが説明文を読む目的であると述べてきましたが、それだけだと、読み手の関心は「書きぶり」のみに向くことになります。これでは、説明文を楽しんで読もうとする子どもはなかなか育ちません。なぜなら、読んでいて楽しいと感じることがあまり多くないからです。読むことの楽しさを感じるためには、やはり、内容に即して読み手である子どもの中に発見や納得があることが必要です。

ありについての説明文を読めば、「ありの秘密がわかっておもしろい」とか、たんぽぽの様子が説明されている説明文を読めば、「たんぽぽは実はすごい知恵を働かせているのだ」とか、こうした内容面でのおもしろさが、読み手の知的好奇心を刺激していきます。そして、子どもは、「もっと知りたい」「もっと読みたい」という意欲をもつのです。もちろん、ありやたんぽぽの専門家を育てるわけではないので、内容面に大きく傾斜のかかった授業は避けた方がよいと思います。それでは、次の説明文を自分の力で読み解く力が育たないからです。

授業の内容は、バランスが大切です。**論の展開や表現の技法などと、そこで説明されている内容面とをバランスよく扱いながら、言葉の力を伸ばしていけることが理想的**です。

説明文を何のために学ぶのかについて考えてきました。

説明文を学ぶのは、知的好奇心を刺激するような内容のおもしろさに支えられながら、筆者の主張を捉え、それに対して自分の考えを表明することができるようになるため。そして、論の展開の仕方や、相手によりよく伝わるような表現の方法を学び、自分の表現に生かしていくために、説明文の学習はあるのです。

さらに言えば、この目的達成に向けて進んでいく過程で、子どもは「言葉による見方・考え方」を働かせることになり、その学び自体が学習指導要領で言われている「深い学び」になります。その結果、国語科という教科を通して、子どもの資質・能力がはぐくまれるのです。

第三次から単元を構想する

ねらいを明確にする

国語科の単元に限らず、授業には必ず教師の「ねらい」があります。授業は意図的、計画的に行われるものですから、ねらいのない授業はありません。

国語科におけるねらいとは、大きく言えば、言葉の力をつけることです。説明文の授業では、説明文を読む力をつけることです。

前項で述べたように、最終的には筆者の主張を読み取り、それに対して自分の考えを表明できればよいわけです。筆者の主張を捉えるためには、それなりの読み方を身につける必要があります。**何に着目すれば筆者の言いたいことが読み取れるのかという、目のつけどころを子どもたちに教える必要があります。**目のつけどころを身につけた子どもは、新しく目にした文章も自力で読むことができるようになっているはずです。目のつけどころとは、例えば次のようなものです。

・文章全体の構成（これについては前章で述べました）
・問いと答えの関係（何が問われていて、答えとして何が説明されているか）
・意味段落のつながり（どこからどこまでに、何についての話が書かれているか）
・筆者はどのような人物か（筆者のものの見方・考え方などを探る）　など

単元は後ろからつくる

その単元でつけたい言葉の力、つまりその単元のねらいが決まったら、次は単元の終末の活動を設定します。**単元の終わりに、子どもたちがどのような活動ができたら、つけたい言葉の力が子どもたちについたと言えるのかを想定する**のです。

例えば、「文章の要旨を捉える力をつけたい」と考えたら、単元の終わりの段階には、子どもがノートに読んできた説明文の要旨を200文字以内にまとめることができればよい、そのために、単元の終末の活動には、文章の要旨を200文字以内にまとめて、友だちと読み合おう、といった具合です。

低学年ならば、書かれている内容を正確に読み取る力をつけるために、「〇〇クイズブックをつくろう」という終末の活動を設定することもできるでしょう。大切なのは、**つけたい力と単元の最終の活動がしっかりとつながっていること**です。活動だけがひとり歩きすると、その活動を通して身につけさせたい言葉の力が見えにくくなります。あくまでも、言語活動を通して、一人ひとりの子どもに、言葉の力をつけるのだという意識をもつことが大切です。

もちろん、単元の構想の仕方は一通りしかないわけではないのですが、ここでは、終末の活動から逆算する方法について、以下、もう少し詳しく説明したいと思います。

①第三次の設定

単元の指導計画を作成するときには、3つの段階で考えるとよいと思います。その最終段階が第三次です。ここまで述べてきたように、子どもが身につけた言葉の力を発揮するための言語活動を設定するところです。その単元のゴールであるとも言えます。

第三次の設定の仕方には、大きく二通りあります。

1つは、**今まで読んできた説明文に関する言語活動**です。これは、文章の要旨をまとめようとか、パンフレットづくりをしようといった、今までに読んだ文章を基に設定する活動です。

もう1つは、**今まで読んできた説明文を発展させるスタイル**のものです。このことについては、後でさらに具体的に例を紹介します。今までに読んできた説明文に加えて、別の説明文を重ねて読んでみるとか、学習した説明文の構成を生かして自分で説明文を書いてみるなど、活動発展型のものということになります。

いずれにせよ、その単元で身につけさせたい言葉の力が、明確に子どもの姿として示せることが大切で、活動だけに流されないような注意が必要になります。

②第二次の設定

終末の活動が、第三次として設定できたら、その活動を行うために第二次でどのような言語活動が必要なのかを考えます。第三次で音読発表会を計画しているのならば、第二次には計画的に音読を練習する活動が入ります。ゴールが音読なのに、第二次が話し合いばかりというのはおかしいですよね。単元の学習活動は、ゴールの活動に向かってつながっていなければなりません。このつながりがちぐはぐだと、木に竹を接いだような、整合性のない言語活動ということになってしまいます。その活動を進めるのに一番困るのは子どもです。

第二次の一時間一時間は、第三次に向かってつながっていなければなりません。第三次のゴールの活動を設定すると、そこから逆算して第二次に何をすればよいのかが決まってきます。**第二次と第三次を切り離して考えないことが大切**です。

③第一次の設定

第二次につながるように設定するのが第一次です。第一次は、基本的には短時間の導入の活動ということになります。

導入の設定の仕方は大きく2つに分かれます。

1つは、**第三次のゴールの活動をイメージさせるためのもの**で、この段階で教師のお手本や、見本を示し、子どもの意欲を高めるというものです。

もう1つは、**単元を通した課題設定のために、子どもの中に問題意識を生み出すためのもの**です。子どもたち同士で初発の感想を交流し、この文章の構成はどのようになっているのか、筆者の言いたいことは本当にここなのか、なぜこの具体的な事例を取り上げたのか、などを追究の課題として設定していきます。子どもが問いをもつためには、「ズレ」が必要です。仲間の読みと自分の読みとのズレ、はじめに読んだときの違和感などが、子どもにとって解明すべき課題につながっていきます。そして、その課題を解決するために、これから何時間かをかけて文章を読み解いていこうという意識を醸成していくのです。

単元の活動を方向づけ、子どもの意欲を喚起するための導入の活動はとても重要です。

教師があらかじめやってみる

終末の言語活動が設定できたら、教師が子どもと同じように言語活動をやってみることが大切です。説明文の要旨を200文字で書くという言語活動を設定したなら、実際に書いてみるのです。すると、この説明文の要旨は100文字で書けてしまうとか、とても200文字では書ききれない、などということがはっきりとわかってきます。その結果、単元の終末の活動を、300文字で書こうというように変えることができます。こうした教師の事前の試行を通さずに活動を設定してしまうと、後々困ります。教師が見本をつくってみることで、子どもがどこで困るのか、どんなところで立ち止まるのかをあらかじめ想定しておくことが可能になります。子どもの困るところが見えていれば、それに対する手立てを講じておくこともできます。こうした、**教師の側の準備をきめ細かくしておくためにも、教師自身がまずやってみるということが必要**です。

また、パンフレットやポスターなどを教師がつくっておけば、それが、子どもたちに示す見本になるわけです。「最後にこんなパンフレットができればいいね」と言って、見本を示すだけで、子どもの意欲はぐんと高まります。ましてや、先生が書いたものですからなおさらでしょう。

子どもは、好奇心とやる気に満ちています。子どものやる気に火をつけるのは教師です。最後に何ができればよいのかという、ゴールイメージを子どもにもたせることは、子どものやる気を引き出すことにつながります。**終末の活動を見通すことが、そのまま子どもの目的意識になるから**です。基本的に子どもは何でもやりたがりですから、目的意識をもった子どもは、意欲的に活動することでしょう。

注意することとして、子どもの実態に合っているかの検討を十分にしましょう。終末の活動が、学年の発達段階に沿わないと、子どもは逆に拒否反応を示すかもしれません。子どもに「がんばればできそうだ」と思わせることが大切です。

子どもの実態を大切にする

単元を構想するうえで、さらに大切なのは、子どもの実態です。国語科の授業が、子どもの言葉の生活を向上させるためにあることを考えると、**実は子どもの言葉の生活の実態を探り、そこから単元を構想することこそ、最も重要なこと**であると言えます。

子どもの実態には、大きく2つの視点があります。

1つは、**学級全体の実態**です。今クラスではどのようなことが流行っているか、子どもたちの多くが興味をもっていることは何か、最近の現行行事にはどのようなものがあるか、などが、学級全体の実態をつかむうえでの視点になるでしょう。

もう1つは、**個々の子どもの実態**です。ある子は、図解に興味をもって、毎日図書室に通っています。そんな子がいるかと思えば、一方では、本にまったく興味を示さず、休み時間のたびに運動場に出て行っては多くの仲間と一緒にサッカーをして遊んでいる子もいます。学級の中には、様々な実態があって、個々の子どもの興味も千差万別です。こうした実態の中から、子どもの言葉の生活を高めるための単元を構想するのは難しいことですが、ここに挑戦してこそ、言葉の学びのおもしろさや奥の深さが感じられるはずです。

基本的に、子どもは「やってみたい、考えてみたい」という意欲に満ちた存在です。その子どもたちの意欲を言葉の学びに向けていくことが、国語科の単元を構想するためのポイントなのです。

前述のように、子どもが自ら問いをもって、追究しようとするためには、子ども自身に「ズレ」や「違和感」をもたせることが大切です。国語科の授業が難しいところはここなのです。教科書を開くと、完成された説明文や物語が掲載されています。基本的に、大人が書いた教科書に掲載されているような文章には、ズレや違和感をもつようなところはないのだと思うかもしれません。しかし、文章をよくよく読んでみると、「あれ？」と思うようなところがいくつも発見できます。また、「どうしてだろう？」と感じるところも出てきます。同じ文章を読んでいても、子どもの受け取り方や感じ方は意外にも大きく違っていたりします。このズレから、子どもの問題意識を喚起することが可能です。

これからの子どもには、特に**「問題発見・課題設定の能力」**が必要になります。今まで、その力を伸ばすことは、国語科ではあまり意識してこなかったのではないかと思います。国語科の言葉の学びであっても、問題発見に基づく追究の活動は必要であるし、可能です。そのような力を意識した単元が設定できれば、授業は成功です。

事例解説『自然に学ぶ暮らし』『ほたるの一生』

1つの教材で単元をつくる

①筆者にメッセージを送ろう（6年生）

終末の活動は、「文章を読んで自分の考えを筆者へのメッセージとして書こう」というものです。高学年で説明文を学習するときには、筆者の主張を捉えるだけでなく、それに対して自分はどのように考えるのかという批評を言葉にして表現するところまでをねらいにします。筆者の主張に対する自分の納得度は何%か、それはなぜなのかを文章にまとめます。本単元は、6年生の説明文である『自然に学ぶ暮らし』を基に実践しました。

②文章の要旨を捉えよう

筆者の主張に対して納得度を表明するには、まず筆者の主張とはどのようなものなのかを捉える必要があります。ここが曖昧なままだと、自分の納得度についての理由も曖昧な文章しか書けなくなります。

筆者の主張を捉えるには、まず、文章全体のスタイルを捉えることが大切です。文章全体のスタイルとは、「頭括型・尾括型・双括型」のいずれの型になっているか、ということです。教科書の文章は、必ず型をもっていますから、まずは文章を俯瞰して読み、型を捉えることで、筆者の主張がどのあたりに書かれているのか、という見当をつけます。

③具体的内容を捉えよう

筆者の主張がどこに書かれているのか見当をつけたら、それが本当に正しいかどうか詳しく文章を読んでいきます。例えば、具体的な事例はいくつ書かれているか、どのような順番で説明されているか、その説明の順にはどのような意味があるか、などを考えます。

『自然に学ぶ暮らし』は、次のように大きく3つの事例で説明されています。

・シロアリの事例……………空気の調節をすることによる節電の事例
・アワフキムシの幼虫とベタの事例…あわを使うことによる節水の事例
・トンボの事例……………………発電の事例

このように、3つの事例は、それぞれ「節水」「節電」「発電」という意味をもって並べられています。一つひとつの段落を、単独に捉えて読もうとすると、そうした事例同士の関係や役割、つながりが見えてきません。

④身の回りの節約について見直そう

「資源を守り、大切にしよう」という説明文の内容を理解するために、身の回りのエネルギーの節約について見渡してみるという導入を考えました。学校でも、教室が使われていないときには電気を消そうとか、水道の水を出しっぱなしにしないで大切に使おうなどということは日常的に呼びかけられていることでしょう。子どもたちにそうした身の回りの生活をふりかえらせ、そのような呼びかけをしているのはなぜかを考えるところから、この単元は出発しています。

1つの教材で単元をつくる例を示しました。終末の活動で何をするか、何ができればねらいが達成できたと考えるかを想定し、終末の活動を考えます。それから、終末の活動につながるように、活動を逆算して組み立てていきました。実際の活動の順に変えると、次のようになります。

・身の回りの資源節約について見回す
⬅
・説明文を俯瞰して読み、筆者の主張がどこに書かれているか仮説を立てる
⬅
・自分たちの仮説を確かめるために、内容を詳しく読む
⬅
・読み取った内容と、筆者の主張との整合性などを考えながら、文章を批評する
⬅
・批評したものを「筆者へのメッセージ」として文章にまとめる

書いた文章を実際に筆者に送り届けることができれば、子どもたちの意欲はさらに増すことになるでしょう。それができなくても、お互いの批評の文章を読み合うことで、各自の考えを共有することができます。

教材から発展させて単元をつくる

①「○○の一生」を書こう（2年生）

自分の興味のある生き物について本を読み、その情報を基に、自分で説明文を書くという単元です。一番のねらいは、「順序よく書く」ということです。

②順序に気をつけて読む

①で設定した単元の終末の活動に向けて、順序に気をつけて説明文を読む学習を行いました。教材『ほたるの一生』です。ホタルが生まれてから大きくなるまでの成長の様子が順序よくわかりやすく書かれています。子どもたちは、順序よく書かれていると、読んだときにわかりやすいということを学びました。そして、順序よく書くためには、次のような書きぶりにするとよいことを実感していました。

・時を表す言葉を入れる（春になると、夏には、秋になるころには、など）
・順序を表す言葉を入れる（はじめに、つぎに、それから、さいごは、など）

こうして学んだことを、自分の説明文に生かしていきます。

③育てたことのある生き物を想起する

生き物の成長の説明文を読むにあたり、子どもが自分で育てたことのある生き物を思い出すようにしました。ちょうやカブトムシ、ザリガニやメダカなど、いろいろな生き物の名前が出てきましたが、生まれてから死んでしまうまでを飼いきって、様子を観察するという経験はほとんどありません。それぞれの生き物が、どのように成長していくのかを詳しく読もうという意識をもつ導入となりました。

単元づくりのポイント

これまで簡単に単元構想の例を紹介してきました。

大切なのは、子どもの学びの意識がつながっているということです。それぞれの言語活動に整合性があると、子どもは一貫性をもって思考し、活動することができます。毎時間毎時間の言語活動の積み重ねが、1つの単元として機能すると、子どもは言葉の力を大きく伸ばします。

第2章 発問の技術

Chapter 2

似ているけど少し違う言葉を比較させる

「筆者が伝えたいことは何ですか？」
「『鳥獣戯画』が日本の宝であると同時に、人類の宝であるということです」
「では、『人類の宝』とはどういう意味ですか？」
「日本だけではなくとても大事だということです」

説明文の要旨や内容の読み取りの学習において、読みを深めていきたいのだけど、いまいち浅い読みのままで終わってしまうことがあります。それは、言葉の読みが不十分なことによるものです。**説明文は筆者が少しでもわかりやすいように選んだ言葉の集まり**です。

特に、読みの核となる重要な言葉は、丁寧に読むことが求められます。

しかし、「『人類の宝』とはどういう意味ですか？」と聞いても、読みを深めることにつながりません。勘の鋭い子が数人発表し、多くの子がそれを聞くような授業になってしまいます。

重要な言葉を読むためには、**子どもたちの読みの手がかりがあり、読みの方向性がわかるような問い方**が求められます。そこで、言葉の比較を使って発問をつくってみます。

例えば、次のような方法で発問を考えます。

①子どもたちに読みを深めさせたい言葉を選ぶ
その教材や段落の中で筆者の思いが込められていて、読み深める価値のある言葉を見つけます。

②その言葉と似ているけれど少し違う言葉をたくさん見つける
読ませたい言葉と何となく意味は似ているけれど、少し違う言葉をたくさん見つけます。ポイントは、何となく言葉のイメージが似ていることです。

③見つけた言葉を比べて、教師が読ませたい読みが顕著になる言葉を選ぶ
子どもに発見させたい読みが出やすい言葉を選びます。

▼事例解説『「鳥獣戯画」を読む』

『「鳥獣戯画」を読む』（6年）の要旨の読み取りを例にとります。筆者は、最後に「『鳥獣戯画』が日本の宝であると同時に、人類の宝である」と述べます。特に、「人類の宝」としたところに筆者の思いを感じます。では、「人類の宝」という言葉に着目し、発問をつくってみましょう。

筆者は、「日本の宝」という言葉の後に「人類の宝」という言葉を書いています。つまり、「人類」という言葉に強い意味を込めています。そこで、「人類の宝」と似たような言葉をたくさん集めていきます。

人類の宝
世界の宝　人々の宝　貴重な宝　大事な宝　無二の宝…

これらの中から**「イメージは似ているけれど少し違い、『人類』の意味を考えやすい言**

葉」を選びます。人類には、日本だけでない世界中の人々という意味の他に、これまでの歴史のつながりを感じさせるイメージがあります。『「鳥獣戯画」を読む』では、特に歴史的なつながりが書かれています。すると、子どもたちに読ませたいのは「歴史的なつながり」になります。それが一番読み取りやすい言葉の比較は「世界の宝」になります。

「人類の宝」と「世界の宝」、似ているけどちょっと違うね。どう違うかな？

子どもたちは、

「どっちも大切という意味があるけれど、人類というとこれまで受け継がれてきたイメージがある」

「人類というと、私たちの歴史そのものって感じがする」

「筆者は、『鳥獣戯画』が私たちの祖先によって生み出されたことと、それを守り抜かれたことに感動したんだね」

１つの言葉を読み深めることで要旨を読み取ることができます。そのために、考えやすくなるような比較の発問はとても有効です。

教材全体を読むことで構造を捉えさせる

ある説明文の授業でのこと。教師が子どもたちに発問します。

「この段落の中で、大事な言葉に線を引きましょう」

子どもたちは、よく出てくる言葉や、これまでの経験を頼りに線を引きます。何人かの子どもが発表した言葉を参考に、その段落を一文でまとめます。そして、明日は次の段落、明後日はまた次の段落…。こんな学びを繰り返していくと、説明文の学習を楽しいと感じる子どもは減る一方です。

それは、この発問が原因です。先生が何気なく使う「大事な言葉」。この言葉が曖昧なのです。大事さというのは、その場その場では極めてわかりにくいものです。**大事さというのは、比較したり全体が見えたりしてこそ見えてくるもの**です。日常生活の中でも、大事なことは後になってわかったり、俯瞰的に見てわかったりすることが多いと思います。

説明文でも同じです。その段落の中で大事な言葉は、筆者が伝えたいことや、教材の全体構造を捉えて、はじめて見えてきます。

したがって、各段落の大事な言葉を見つけるには、教材全体を読み、教材全体と各段落のつながりを読み取ることが求められます。例えば、次のような発問をします。

「教材全体を『はじめ・中・終わり』に分けよう」
「『はじめ・中・終わり』の『中』を分けよう」

子どもたちが段落を分けると、多くのズレが生まれます。しかし、そのズレにより、子どもたちは自分の考えの正当性を示すため、多くの理由を発表します。**どこで分けたかということよりも、分けた理由を豊かに話し合うことになる**のです。子どもたちが分けた理由には、それぞれの段落の大事なことが含まれるので、子どもたちが分けた理由を段落ごとに板書すると、各段落の大事な言葉がまとめられます。「大事なこと」を直接的に問わなくても、教材全体からみた段落の大事な言葉を子どもたちが見つけるのです。しかも、教材全体を学習するので、短い時間で各段落を学習できます。

▼事例解説『すがたをかえる大豆』

『すがたをかえる大豆』（3年）を例にとります。

発問①　まず自分で「はじめ・中・終わり」に分けさせる

自分の考えをもつことが重要です。そして、自分がそこで分けた理由をしっかりと書かせます。分けるときに着目した言葉などを書き出すことで、後の話し合いが豊かになり、段落構成の理解につながります。

発問②　「はじめ」と「終わり」の分け方が簡単な方から考えさせる

説明文によって、分かれ目を見つける難しさが違います。簡単な方から話し合うことがポイントです（『すがたをかえる大豆』では、「中」と「終わり」を分ける方がわかりやすいです）。

段落のはじめに「このように」とあり、「中」の段落がまとめられていることが理由としてあげられます。また、大豆がすがたを変えたことの具体例が書かれていないことも理由の1つです。「終わり」を先に分けることで、「中」には大豆が姿を変えたことの具体例が書かれていることに気がつきます。このことに気がつけば、「はじめ」と「中」を分ける視点が明確になります。

「はじめ」と「中」は、大豆がすがたを変えた具体例を基に分けると、「はじめ」は1段落と2段落になり、3段落から「中」が始まります。しかし、実際に授業をしてみると、2段落が「はじめ」に入るか、「中」に入るかの意見が分かれます。意見が割れた場合は、しっかりとその理由を交流します。理由を交流する中で、2段落には、大豆の説明と昔からおいしく食べる工夫をしてきたことが書いてあることが明らかになります。つまり2段落は、1段落と3段落をつなげる役割があります。さらに、2段落に書かれている「昔から」という言葉が、「終わり」の「昔の人々のちえに驚かされます」という最後の一文につながります。「はじめ」と「中」の境を考えることで、2段落に着目し、さらに説明文全体のつながりや構成を考えることができます。

発問③ 「中」を分けさせる

最後に、「中」を分けます。

「はじめ」と「終わり」を分けた話し合いの中で、「おいしく食べた工夫」を視点に分けることが明らかになっています。しかし、「に豆」「きなこ」「納豆」などのすがたを変えた結果を分けた理由にするだけでなく、「こなにひいて食べる工夫」「取り入れる時期や育て方の工夫」などの工夫の仕方を理由に分けることで、より深く教材を読むことができます。

「教材全体を『はじめ・中・終わり』に分けよう」
「『はじめ・中・終わり』の『中』を分けよう」

などの説明文の構成を考えさせる発問は、子どもの思考のズレが生まれやすいので、活発な意見交流につながります。

しかし、ここで大切なことは、どのように分けたかではなく、分けるという学習活動の中で各段落の役割や段落のつながり方がみえてくることにあります。**つまり、「分けた理由」に価値があり、それらを豊かに話し合うことで説明文の構成や論調がみえてくる**のです。

段落分けの話し合いを通して、各段落に書かれている大まかな内容を明らかにし、段落のつながりを読みます。最初の段落から順に読むのではなく、構造を捉えさせることで、説明文全体を読む力を育てることができます。

結論を予想させる

多くの説明文は、序論と本論と結論の３つの構成で書かれています。高学年になると、結論には、本論のまとめだけでなく、筆者が伝えたいメッセージなども書かれます。自分の主張をよりわかりやすくするために、具体例を用いるということを理解するのは、表現力を高めるためには重要なことです。しかし、実際に授業をしてみると、本論に書かれている具体例と筆者が伝えたいメッセージのつながりを見いだすのが難しいことがあります。

そこで、結論を予想するという学習が有効になります。筆者が伝えたいことを読み取るという受け身の学習が、結論を予想することにより、主体的でクリエイティブな学習に変わります。**特に低学年の教材は、読む視点により、子どもが考える結論が大きく異なり、より本論と結論のつながりを感じやすくなります。**

事例解説『どうぶつの赤ちゃん』

『どうぶつの赤ちゃん』(1年)を例にとります(この授業は5年生で実施)。

発問① 序論と本論に分け、本論を3つに分けましょう。

序論には「うまれたときはどのようなようすでしょうか」「どのように大きくなるのでしょうか」の2つの問いがあります。本論は、ライオンの赤ちゃん、シマウマの赤ちゃん、カンガルーの赤ちゃんの3つに分かれます。

発問② ライオンとシマウマとカンガルーの3つの段落を読み、似ているところと違うところを見つけましょう。

本論を読む視点として共通点と相違点を提示します。相違点は、自分で動くまでの時間や生まれたときの様子などです。共通点は、生まれたときの様子と成長の様子が書かれていることなどから、赤ちゃんが親から大事にされていることなどがあげられます。

発問③　『どうぶつの赤ちゃん』には結論がありません。そこで、みなさんに『どうぶつの赤ちゃん』を学習している1年生に向けて結論を書いてもらおうと思います。本論とつなげながら結論を書きましょう。

条件①　2つの文で書くこと

条件②　書き出しの言葉に続けて書くこと

一文目「このように、（本論のまとめを書く）」

二文目「だから、（1年生に向けたメッセージを書く）」

結論を書くにあたって、右の2つを条件とします。

ポイントは、二文で書くことにあります。結論は、本論のまとめと伝えたいことで構成されています。本論とメッセージをつなげるのがまとめになります。実際に書いてみると、一文目のまとめから書く子と二文目のメッセージから書く子に分かれます。具体例から伝えられることを考える方法と、伝えたいことから具体例を構成する方法の違いです。この結論を書くには、本論とまとめとメッセージの3つのつながりを意識しなくてはいけません。このような学習を積み重ねることで、筆者の論の組み立て方のおもしろさに目が向くようになります。以下は、実際に子どもが書いた結論の例です。

・このように動物たちは、生まれたときの様子や成長の様子は様々です。だから、みなさんも、人それぞれ自分にあった生き方をすることが大切です。
・このように、動物たちは皆親に支えられながら大きくなります。私たちもこんなに成長したのは、親の支えがあったのですから、お父さんやお母さんに感謝の気持ちをもつことは大切なことなのです。

発問④　自分が考えた結論を入れた「どうぶつの赤ちゃん」を、1年生に聞いてもらいましょう。

最後に、実際に1年生に聞いてもらい、納得するか確かめます。説明文は、人と人とのコミュニケーションの学習でもあります。相手の反応を見ることで、伝わったかどうかを確かめ、論の工夫のおもしろさと難しさを感じさせます。

高学年の説明文でも、最後のメッセージの部分を提示せずに学習を進め、最後にその部分を想像することもできます。結論を考えるというクリエイティブな読みが、結論の役割を理解するのにとても有効です。

筆者と対話して読みの観点をつくらせる

新しい説明文に子どもたちをどのように出会わせていますか。

題名からお話を推測し、教師が範読をする授業をよく見かけます。しかし、教師の上手な範読を聞いても、なかなかお話の内容を理解できない子どもが意外と多くいます。

これは、説明文を聞く準備ができていないことに原因があります。私たち大人も、本を読むときに、いきなり読み始めるより、題名や目次、本の帯などからある程度の情報を得てから読み進めた方がわかりやすいのと同じです。説明文でも同じようにすることで、よりスムーズに読むことができます。

ここで重要になるのが、**序論を主体的に読む「対話読み」**です。

説明文の序論には、読者を読みたくさせるしかけや話の方向性を絞る工夫など、多くの秘密があります。序論をただ聞き流すのではなく、しっかりと筆者と対話をするように読みを進めることで、説明文を読み進めていく視点を明確にすることができます。そして、序論に隠された筆者の工夫を見つけることで、わかりやすい説明をする表現力を高めることができます。

説明文は、筆者が読者である子どもたちに話しかけているような文章であることを確認します。「対話読み」とは、筆者が書いた（語りかけてきた）文章に、返事をしながら読み進めていく方法です。一見すると、範読を聞くのと同じようですが、大きく違います。**リアクションをとる（返事をする）という作業が、子どもの教材への主体的なかかわりを生み、子どもの思考を生みます。**そして、その思考が、その後の本論を読み進める視点になります。

事例解説『生き物は円柱形』

『生き物は円柱形』（5年）を例にとります。

発問① 筆者の本川さんに返事を書きましょう。

「地球には、たくさんの様々な生き物がいる」
・そうか、考えればものすごくたくさんの生き物がいるね。
・だけどあんまり気にしていないなぁ。
・私が一番好きな生き物は、イルカだよ。

「生き物のもっとも生き物らしいところは、多様だということだろう」
・生き物らしいところって、動くってことじゃないのかな。
・確かに言われてみれば、本当にいろいろな種類の生き物がいるね。
・いろんな生き物ができたんだから地球ってすごいね。

「しかし、よく見ると、その中に共通性がある」
・えっ…多様なのに、共通性なんかあるの？
・あんなにたくさんいるのに共通するところってどんなところだろう。

「形の上でわかりやすい共通性は、『生き物は円柱形だ』という点だ」
・わかりやすい？　　　・えっ、どうして円柱形になるの？
・私は円柱形ではないよ。　　　・納得できないなぁ。

このように、序論の一文ずつを順番に提示し、視写させ、返事を書かせます。そして、書いた返事は交流させます。時間がないときは、教師が音読し、口々に言わせます。筆者がしかけた工夫によって、子どもの思考が揺さぶられていくのがよくわかります。子どもの思考を言語化させることで、子ども自身も自分の思考がより明確になります。そして、それぞれを交流していくことで、読みの観点も明確になっていきます。

発問② どんなことが知りたくなった？

・円柱形ってどういうこと？　・私は円柱形ではないのに何で円柱形なの？
・生き物の共通点って何？　・何で生き物はみんな円柱形になったの？

子どもたちは、「生き物が円柱形であること」や「円柱形になった理由」に興味をもちます。「どんなことが知りたくなった？」という発問により、続きを読む視点が明確になります。

続いて、序論の４つの文章について、それぞれ「そうだな」と納得できる子どもに挙手をさせ、おおよその割合を黒板に書きます。

一文目…１００％　二文目…70％　三文目…30％　四文目…10％

発問③ この割合に、筆者が序論にしかけた秘密があります。気がつきますか？

・はじめは１００％とみんなが納得できることになっている。
・だんだんと納得できる割合が減っている。

・はじめはみんなが納得できるようなことでみんなに読みやすくしておいて、だんだんと納得できないことをあえて提示している。だから続きをもっと読みたくさせているんだ。
・筆者は、序論の中で、読者に少しでも読みたくなるように話の順番まで工夫しているんだね。
・私たちもプレゼンなどをするときに、聞き手が次を聞きたくなるように工夫しないといけないね。

発問③は序論の役割を考える発問です。このように、序論を丁寧に読むことで、説明文全体を読む視点を明確にすることができます。そして、自分の表現を豊かにすることができます。

読み取ったことを自分なりの言葉で表現させ、読みを深める

説明文の読み取りの授業。教師が、子どもたちに問います。

「『生き物はつながりの中に』を通して筆者が伝えたいことは何でしょうか？」

子どもたちは、文章を読み返し答えます。

「生き物には3つのつながりがあります。そのつながりを大切にすることが、自分とまわりを大切にすることにつながるということです」

さて、こう答えた子どもたちは、確かに文章中の言葉を使ってまとめていますが、本当に筆者が伝えたいことを受け取っているのでしょうか。「3つのつながり」とありますが、それぞれのつながりに実感をもって理解しているでしょうか。文章中の言葉を抜き出し、つなぎ合わせただけで、筆者が伝えたいことを本当に読み取っているかわからないことがあります。

それでは、「本当に読み取る」とはどういうことなのでしょうか。それは、**読み取ったことを自分の言葉で説明する**ということではないでしょうか。つまり、筆者が伝えたいことを、自分なりの具体例を用いて説明できて、はじめて本当に理解できたと言えるわけです。

そのために有効な学習が、筆者が伝えたいことのプレゼンです。プレゼンをするためには、筆者が伝えたいことを整理し、まとめなくてはいけません。そして、まとめたものを、自分の経験などと関連づけて、筆者とは違う具体例を見つけます。これらのプロセスを通して、筆者が伝えたいことをより深く理解することができます。

また、友だちのプレゼンを聞くことで、様々な具体例を基に説明文を読むことができ、より深く内容を理解することにつながります。そして、上手なプレゼンを聞くことで、自分の表現力の向上につながります。

▼▼▼事例解説『生き物はつながりの中に』

『生き物はつながりの中に』（6年）を例にとります。

『生き物はつながりの中に』は、ロボットの犬と本物の犬を比較しながら、本物の犬の特徴を明らかにする説明文です。「外と中のつながり」「一つの個体としてのつながり」「過去の生き物とのつながり」の3つが書かれています。3つのつながりを言葉として書き出すのは簡単ですが、それぞれのつながりを感覚的にわかるところまでを求めると少し難しいものです。そこで、内容をより理解させるために、次のように投げかけます。

「それぞれのつながりを自分の言葉を用いて1分で説明（プレゼン）しよう。そして、班で交流し、クラスで一番納得できる説明（プレゼン）を決めよう」

つまり、3つのつながりを自分の言葉でわかりやすく伝えるプレゼン大会を実施するのです。プレゼンをするためには、もう一度文章を読み返し、筆者とは違う例えで説明しなくてはいけません。子どもたちはまず、大事な言葉に線を引き、読み取ったことを端的な言葉で表し、違う具体例を探します。

「過去の生き物とのつながり」のプレゼンを紹介します。

「私たちにはみな親がいます。親は2人です。そして、親には、また親がいます。私たちから見ると、おじいちゃんとおばあちゃんになります。おじいちゃんとおばあちゃんは、みんなで4人います。そして、その一人ひとりのおじいちゃんとおばあちゃんにも、親がいます。私たちにとって、ひいじいちゃんとひいばあちゃんです。みんなで8人です。さらにさかのぼってみましょう。（樹形図をかきながら）10代前までの私の祖先をすべて合わせると、1022人になります。私が産まれるまでに、1022人の命があったわけです。この1022人のうち、たった1人でもいなかったら、私は存在していません。そう考えると、今の私は、過去の何億という命のつながりから産まれているのだと思います。そして、私の後にも限りない命のつながりがあるのです。命は過去から未来とつながっているのです」

友だちのプレゼンを聞き、評価をします。筆者が伝えたいこととのズレや説明のうまさを話し合います。具体例の妥当性を考えることで、より深く筆者が伝えたいことを読み取ることができます。読み取ったことを違う具体例で説明することができたら、本当に理解できたと言えるでしょう。

論の工夫を読ませる

説明文の授業で、論の展開の工夫を学習することがあります。筆者は、自分が伝えたいことを読者に少しでもわかりやすく伝えるために言葉や具体例、論の展開などに様々な工夫をしています。特に高学年では、論の展開の工夫の学習が重要になります。

多くの説明文は、序論・本論・結論に分けることができます。そして、本論もいくつかに分けることができます。本論に述べられている具体例は、筆者によって意図的に並べられたものです。わかりやすいものから順番に並べたり、読者を納得させるために順番を工夫したりして、構成されています。授業では、そのような筆者の意図を考えさせます。

「筆者は少しでもわかりやすくするために様々な工夫をしています。どのような工夫をしていますか?」のような大きな発問で子どもたちが論の展開の工夫やその効果に気がつくのが理想ですが、それはなかなか難しいものです。そこで発問が重要になります。

『すがたをかえる大豆』や『どうぶつの赤ちゃん』『生き物はつながりの中で』などの事例が並列に書かれている説明文では、

「筆者はどんな思いでこの順番に事例を並べたのでしょうか?」

などと順番を問う発問が有効です。また、順番を入れ替えて、実際の文章と比較することで、筆者の意図がわかりやすくなることもあります。大切なことは、説明する順番に意図があることを理解することです。

また、『天気を予想する』や『生き物は円柱形』では、筆者が伝えたいことと直接つながりがないように見える段落があります。そのようなときは、

「○段落は、必要ないように感じます。しかし筆者は必要だと考えているから、この段落はあるのです。○段落があることで、どのような効果があるでしょうか?」

と問います。そうすることで、筆者が伝えたいことと関連付けながら段落の役割を考えることができます。

段落構成の意図を考えることは、筆者の目線になって説明文を考えることにつながります。そして、これらの学びは、自分の思いや考えを相手にわかりやすく伝えるための表現力の向上につながります。

事例解説 『天気を予想する』

『天気を予想する』（5年）を例にとります。

『天気を予想する』は、論の展開のおもしろさを学習するのに適しています。

発問① 題名は「天気を予想する」ですが、「天気を予報する」とはどう違いますか？

「天気を予想する」

「天気を予報する」

題名から考える発問です。似ているけれど少し違います。子どもからは、「予報」は科学的な根拠を基に考える感じ、「予想」は自分で考える感じ、などという意見が出ます。この2つの比較は、「天気を予想する」の要旨に直結する発問になります。深く読み進める視点を明らかにすることができます。

発問② 序論・本論・結論に分けましょう。

序論・本論・結論に分ける過程で、問いの文がいくつかあることに気がつきます。

①段落「的中率はどうして高くなったのか」
④段落「科学技術が進歩し、国際的な協力が進めば、天気予報は100パーセント的中させられるか」
⑦段落「突発的・局地的な天気の変化を予想させる手立てはないのか」
以上3つの問いの文があります。段落分けには、この3つの問いを使って分けることができます。

序論　①〜③科学の進歩と国際的な協力の実現により天気予報の的中率が高くなった。
本論Ⅰ④〜⑥突発的・局地的な変化により、天気予報は100%的中することはできない。
本論Ⅱ⑦〜⑨人間の五感や天気に関することわざや言い伝えなどを活用することで突発的・局地的な天気を予想することができる。
結論　⑩　科学的な天気予報を1つの有効な情報として活用しながら、自分でも天気の知識をもち、地震で空を見て、風を感じることを大切にしたい。

発問③　筆者は科学的な天気の予想と人間的な天気の予想の2つのうちどっちが大切だと言っているでしょうか？

これは⑩段落に書いてあります。人間的な天気の予想を大切にしたいとしています。

発問④　筆者は人間的な天気の予想を大切だと書いているのに、序論では、筆者の主張とは逆の科学技術の進歩のことを書いています。序論に科学技術の進歩のことを書くことでどのような効果がありますか？

子どもたちから次のような意見が出ます。

・はじめに「科学技術の進歩」を述べることで、みんなが納得しやすい。
・そして、本論Ⅰで「科学技術の進歩だけでは限界がある」と述べ、序論に述べたことを一部否定することで、続きを読みたくさせるとともに、読者をさらに納得させることができる。
・そして、本論Ⅱで自分の一番の主張である「人間の五感とことわざ」などの大切さを述べている。
・つまり、あえて自分の主張の逆を認めつつ、それを否定して自分の主張を述べる方法で納得しやすくしている。

『天気を予想する』は「確かに○○だ。しかし○○である。だから、○○だ」という論法で述べられています。このような論法は譲歩構文と言われています。多くの説明文が譲歩構文で書かれています。また、譲歩構文は、友だちとコミュニケーションを取るときにも有効です。譲歩構文は、一度相手の意見を聞き入れたうえで反論する論法です。自分の主張しかせずに友だちとぶつかってしまうことが多い小学校高学年では、とても大切な学びになります。説明文の学習は人間関係をスムーズにする学習でもあります。

発問⑤　筆者は読者である私たちに少しでもわかりやすいように他にも様々な工夫をしています。どのような工夫がありますか？

『天気を予想する』は、筆者の工夫がとても多い説明文です。子どもたちからは次のような工夫があげられます。

・教材の中にグラフや表や写真がとても多くあり、筆者の主張の根拠になっているので説得力を増している。
・文中に具体的な数値を明確に述べることが多く、説得力を増している。

・二項対立の構図を使っている。「科学的な天気の予想」と「人間的な天気の予想」を対比させながら論を進めることで、よりわかりやすくしている。
・題名が要旨につながるようになっていて、題名を工夫している。
・最後に筆者自身が撮った写真を掲載することで、「自分で判断すること」の大切さを表している。

このように説明文には、筆者の工夫がたくさんあります。**大切なのは、筆者の工夫を見つけると同時に、自分の表現にも活用できるようにすること**です。説明文の学習が、他者とのよりよいコミュニケーションにつながる学習になるようにしていきたいものです。

第3章 板書の技術

Chapter3

論理の流れを図で示す

説明文の板書をする際に大切にすべきことの1つは、**説明の流れを目に見えるようにすること**です。

説明文を学習する目的は大きく2つあります。

1つは、**説明されている内容を把握すること**です。筆者が伝えたいことは何かを確実につかむということです。

もう1つは、**説明の流れを知り、自分のものにしていくこと**です。教科書の説明文からわかりやすい説明の流れを学び、それを自分が物事について説明していくときに使っていくということです。

これら2点について、物語文を学習するときと説明文を学習するときとの違いを考えてみましょう。

物語文を学習するのも説明文を学習するのも内容を理解するという点では共通していま す。物語文ではその作品のテーマは何かということを考えますし、説明文ではその文章の要旨は何かということを考えます。

一方、展開や説明の流れという点で考えると、それぞれの種類の中で共通している点と異なっている点があります。

共通している点は、全体の構成です。

物語文では、多くの作品で大まかに言えば「導入―展開―山場―終末」という流れになっています。

また説明文では、多くの文章で「序論―本論―結論」という構成になっています。

異なっている点は、筋道、すなわち論理展開です。

物語文では、作品によって筋道が異なるということはあまりありません。時間の経過によって物語が展開していきます。

一方、説明文の論理展開は、どの文章も共通しているということはありません。『たんぽぽのちえ』のように、具体的な事実を時間の経過に従って述べる形で説明しているものもありますし、『すがたをかえる大豆』のように、簡単な事例から複雑な事例というような配列の仕方をしているものもあります。

つまり、説明文はそれぞれの教材により、説明の流れが異なる場合が多いのです。作品のテーマを追究していくと、『ごんぎつね』のように「心が通い合うことの難しさ」といった普遍的な問題にたどり着くことが多いので、物語文の学習では、内容の読み取りに子どもも教師も懸命になります。

けれども、説明文の場合、例えば『アップとルーズで伝える』を読み、「表現の仕方には目的に合わせていろいろな方法がある」という要旨をつかんだとしても、それはこれから先、子どもが生きていくうえでの普遍的な問題とまでは至らないでしょう。

説明文の要旨をつかむことは重要ですが、それぞれの教材ごとに筆者が工夫を凝らしている説明の仕方を身につけることも大変重要です。

例えば、『アップとルーズで伝える』では、２つの事柄を対比的に説明することでそれぞれの違いを浮かび上がらせていますが、その説明の仕方を、子どもが報告文等を書くときに使えることの方が、実生活で生きて働いていると言えるでしょう。

従って、説明文の学習をしていく際の大きな目的の１つは、**それぞれの説明文から説明の論理的な流れをつかむこと**であると言うことができます。

では、説明の論理的な流れを学ぶための板書はどのようにしたらよいでしょう。端的に言えば、**矢印や囲み、簡単な言葉を使い論理の流れを図式化する**ということです。

論理の流れとしては次のようなものがあります。

考え方としては、

・時間や空間の順序
・比較
・分類
・具体と抽象

といったものがあります。

また要素としては

・根拠─理由─主張

といったものがあります。

矢印の向きや添える言葉の工夫をしながら、説明の流れを図式化していきます。説明文を読むときに見つけた論理の流れを、自分が文章を書くときにも使えるようにする場を設けると、論理的な考え方がさらに身につきます。

事例解説『生き物は円柱形』

『生き物は円柱形』（5年）は、チョウやマグロなどを例にとり、生き物の体が円柱形をしていること、およびそのメリットについて述べた文章です。

この文章は、それぞれの生き物の名前をあげ、その具体的な特徴を述べ、そのうえで一般化するという説明の仕方をとっています。従って、この文章では、具体ー抽象の関係を学ぶことができます。

ここでは、「『生き物は円柱形』の説明の仕方を見つけよう」という学習課題を設定し、「詳しく言っているところとまとめているところを整理する」という見通しを立てます。

まず、**「生き物は円柱形」と中心に書き、具体となるところを見つけさせ、中心のまわりに放射状に書かせていきます。**

次に、「円柱形は強い形」に着目させ、その具体を学級全体で見つけさせます。

「新聞紙は円柱形に丸めると立つ、横にしてもたれ下がらない」こと、「チョウの羽、木の葉が広い形を保つ」ことが見つかります。**この関係を図と矢印を使って表します。**

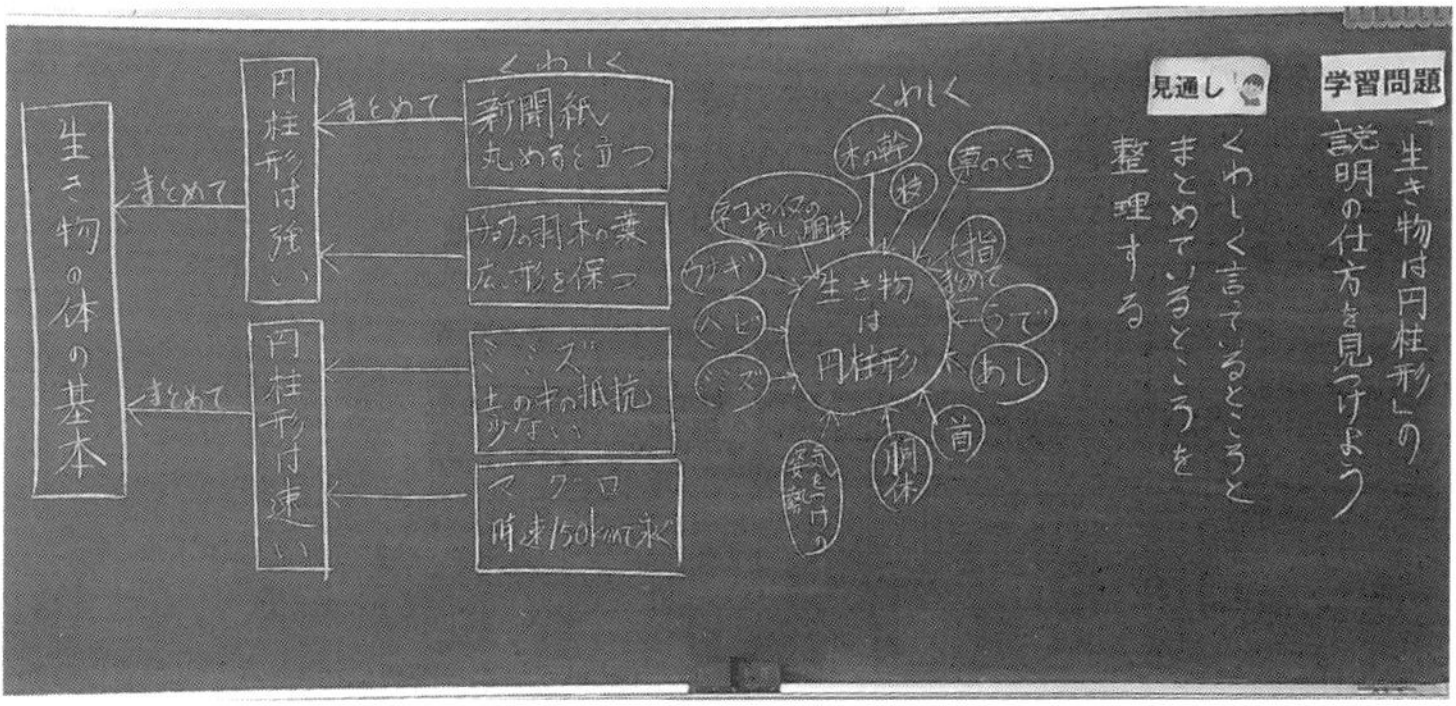

次に「円柱形は速い形」に着目させ、その具体を見つけさせます。この活動はまず個人で取り組ませます。「円柱形は強い形」で行ったこととほぼ同様なので、個人で進めさせ、できたところで、学級全体で確認していきます。「ミミズは土の中を進むときの抵抗が少ない」や「マグロは時速百キロメートルで泳ぐ」が具体としてあげられてきます。

それらを見つけさせた後、もう1つ具体と抽象の関係を見つけさせます。

「『円柱形は強い』『円柱形は速い』これらをどんな言葉でまとめていますか?」

と尋ねます。

「生き物の体の基本」という答えが返ってくるので、具体―抽象の関係になるよう板書します。

挿絵、図表を活用して内容理解を深める

挿絵や図表を活用して授業を行うことは、説明文の内容を理解していくうえで有効です。その際、大きく2つの方法があります。

1つは、**教科書の教材文に添えられている挿絵、図表を使うという方法**です。挿絵や図表を拡大して示し、本文中の何のことについて書かれたものかを検討することで、教材文の理解が進みます。

また、教材文を読み、文章で書かれていたことは、どの挿絵や図表に該当するのかを検討しても、教材文の理解を進めることができます。

さらに、教材文に添えられている挿絵、図表を拡大して掲示する際、教科書に載っていたのとは異なる順序で掲示し、正しい順序に並べ替えさせることでも、説明の流れを子どもたちに意識させることができます。

もう1つは、**教科書の教材文を基に、挿絵や図表をつくっていくという方法**です。

高学年になり、文中の挿絵や図表が減り、文字が多くなってくると、文章の理解を進めるのに抵抗感をもつ子どもが多くなっていきます。

そういったときに、文章に書かれていることを絵で示したり、図表にしたりして、お互いがかいたものを検討していくことにより、教材文の理解を深めることができます。

この活動は、特に具体的な事柄が書いてある段落の内容を理解するうえで効果的です。

例えば、『自然に学ぶ暮らし』（6年）には、自然に適応して暮らしてきた生き物の知恵を、人類の生活にも生かしていくための事例が紹介されています。

教科書には複数の写真や図表が掲載されています。けれども、一部の図を除いては教材文に書かれている内容がそのままわかるような形では載せられていません。

教材文での説明は具体的であるため、かえって、丹念に読まなければ理解することが難しい内容となっています。

そこで、それぞれの事例の説明を図にします。授業では、まず教材文に基づいて各自が図にしたものを班でまとめて板書し合います。さらに板書したものを説明し合い、文章の内容理解を確かなものにしていきます。

事例解説『たんぽぽのちえ』

『たんぽぽのちえ』(2年)は、たんぽぽが花を咲かせてから、綿毛を飛ばすまでの間のたんぽぽの姿の変化やその理由などについて、時間の順序に従って書かれた文章です。

この教材文には、花を咲かせているときや、綿毛を飛ばすときなど、その時々のたんぽぽの姿の挿絵が添えられています。教材文に書かれている内容を、挿絵を見ることによって、より深く理解することができます。

授業では、時間の順序を考えて内容を読み取る力をつけるために、挿絵を活用した活動を行います。

学習課題を**「たんぽぽの変化の様子に合わせて挿絵を正しく並べ替えよう」**とします。そして、見通しを「時間を表す言葉に気をつける」として、言葉の意味から時間の順序を考えていくようにします。

まず、挿絵の順番をバラバラにして黒板に貼ります。

そして、子どもたちにバラバラになった挿絵を正しく並べ替えるよう伝えます。その際、

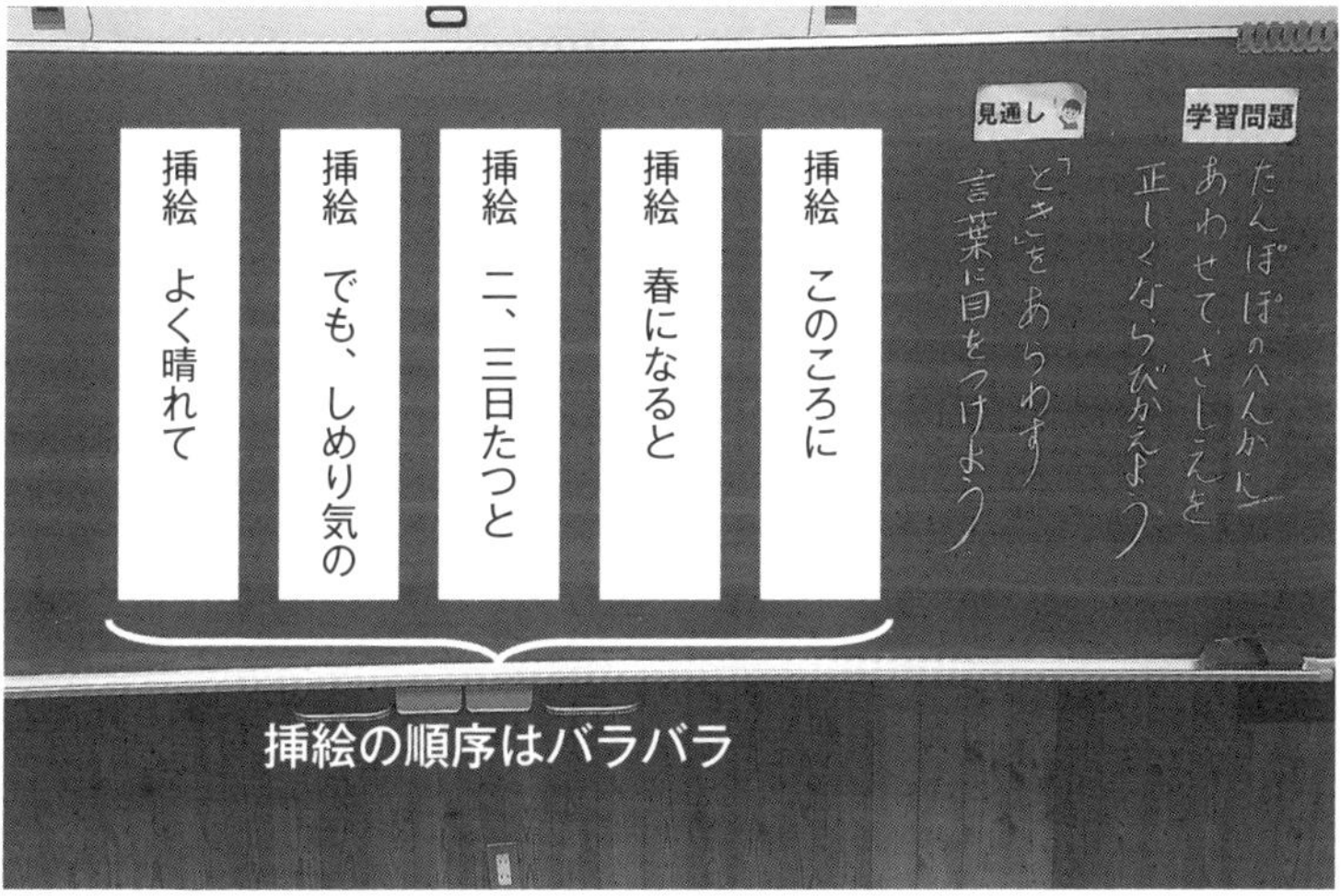

並べ替えるための基準として、**それぞれの挿絵に関する文章に書かれている、時間を表す言葉に着目するよう指示します。**

時間を表す言葉に注目させながら教材文を一読させた後、それぞれの挿絵に関する文章に書かれている、時間を表す言葉を見つけさせます。子どもは「春になると」や「二、三日たつと」といった言葉を見つけるので、挿絵を添えてそれらの言葉を書きます。

そのうえで、正しい順番に挿絵を並べ替えさせます。並べ替えたものを発表させるときには、時間を表す言葉に着目した理由を述べさせるようにします。

考えと理由・事例の関係を視覚化する

説得力のある説明には、必ず主張したい考えに対する理由や主張したいことに基づく具体的な事例が入っています。主張したい考えがいくら正当なものであったとしても、そのことを裏づける具体的な事例や、考えの正当性を示す理由がなければ受け入れられません。

教科書に掲載されている説明文には、基本的に主張したい「考え」、および、「理由」や「事例（できごと）」が盛り込まれています。だから、教科書に掲載されている説明文を読むと、読者は「なるほど」と納得することになるのです。このような、主張したい「考え」に「理由」や「事例」を合わせて話したり、書いたりする説明の方法は、子どもたちにも身につけさせたいものです。

そこで、教科書に掲載されている説明文を使って、考えと理由・事例の関係を学んでいきます。また、このような学習を行うことは、説明のための考え方を身につけさせるばかりでなく、学習している教材文の理解を促すことになります。

この活動を行うときの板書は、考えと理由・事例の関係がパッと目に入る方が、子どもたちにとってのわかりやすさが高まります。

表にして考え、理由・事例の項目を立てて整理することもよいでしょう。

さらに、視覚に訴えるものとしては、**矢印や□を使って図にする方法があります。**

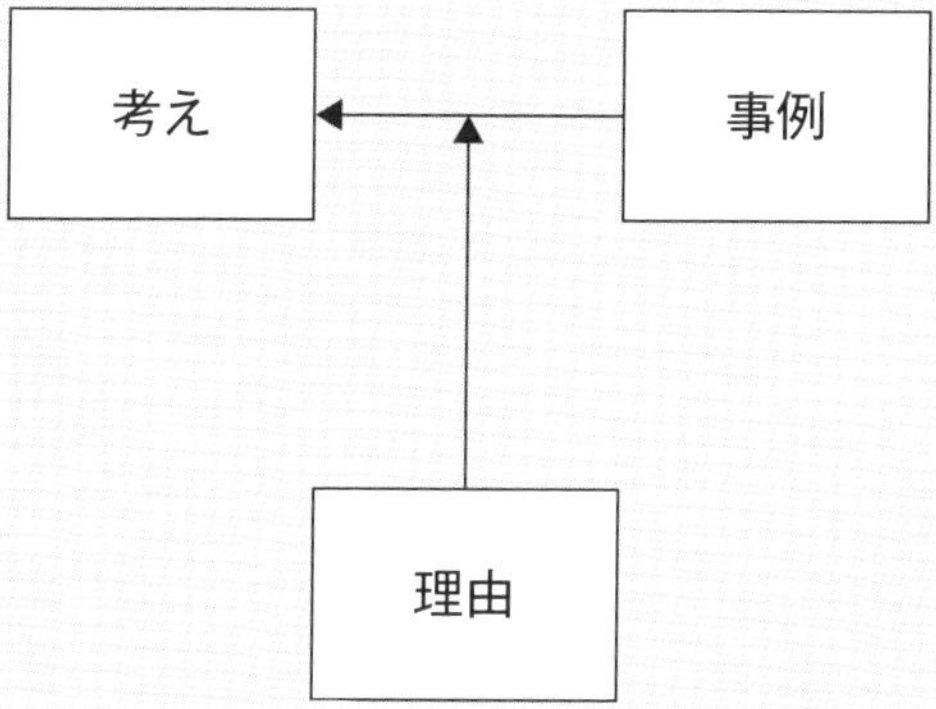

基本的に、考えと理由・事例の関係は、上の図のような関係になっているので、この図を基にして学習を進めます。

黒板に図の枠を示し、最初に考えになる要素を埋め、次にその理由・事例に当たるものを子どもたちに埋めさせていきます。

最初は一斉に行い、次は個人やペア、グループで行えるよう、考えと理由・事例の関係が複数ある教材文を使うと、理解がより進みます。

事例解説『動いて、考えて、また動く』

『動いて、考えて、また動く』（４年）は、オリンピックに出場した筆者が、より速い走り方について説明した文章です。

「ひざの上げ方」「あしのけり」「うでのふり」の３つの動作について、速く走れるための方法とその理由や事例を述べています。

３つの動作について考え・理由・事例がそれぞれ書かれていますので、はじめは全体で追究し、その後、個人追究していくといったようにして考えと理由・事例を述べることについて習熟を図ることができます。

授業では、学習課題**「速く走るための三つの動作をまとめよう」**を設定し、考え、理由、事例の関係を示した図の説明と板書をし、見通しとして**「筆者の考え、理由、できごとに分けて整理する」**を立てます。

まず、「ひざの上げ方」について全体でまとめます。筆者の考えとして「地面をふむことを意識する」を取り出します。次に考えのもとになる事例を見つけ「記録会ですばらし

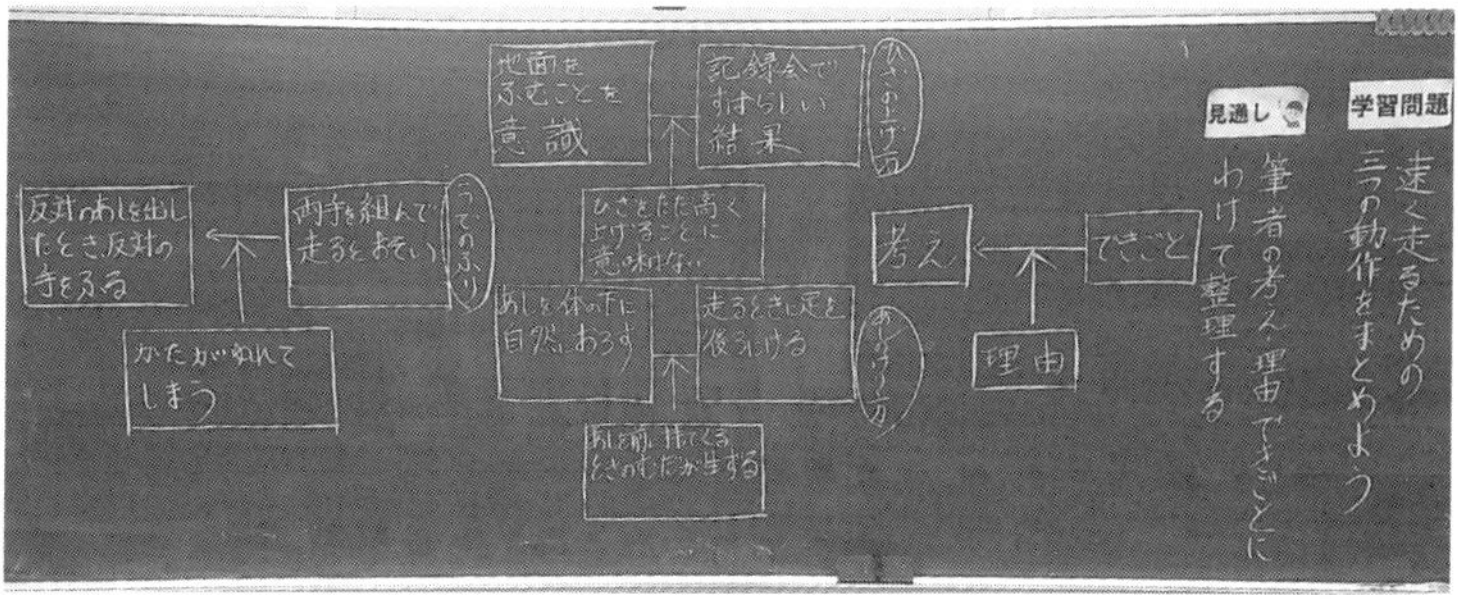

い結果が出た」ことを取り出します。そして、事例と考えをつなぐ理由を見つけ、「ひざをただ高く上げることに意味があるわけではないから」という理由を取り出します。

続いて、「あしのけり方」についてまとめていきます。

まず個人追究し、図をつくっていきます。

各自の図ができあがったら、指名し、確認していきます。考えとして「あしを体の下に自然におろす」、事例は「走るときにあしを後ろにける」、理由は「あしを前に持ってくる分のむだが生じる」となります。

最後に「うでのふり」についてまとめていきます。

個人追究後、全体で確認していきます。

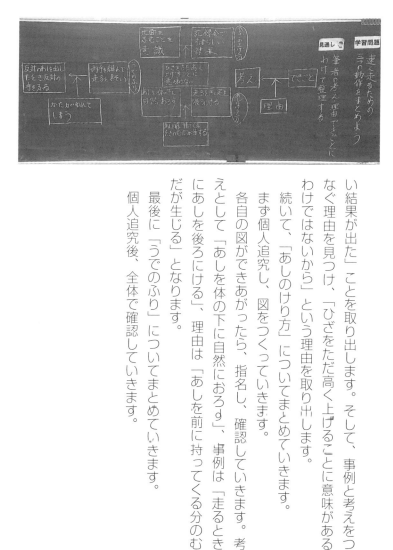

全員参加で切れ目を見つける

説明文の学習を行うときに、文章全体を「はじめ―中―終わり」、あるいは、「序論―本論―結論」に分けるというのはよく行われる活動です。

形式段落に数字を振るところまでは授業は円滑に進みます。けれども、その後、文章全体を3つに分ける段階になると、授業が混乱してしまったり、停滞してしまったりすることがよくあります。

授業が混乱してしまう原因は、**「はじめ―中―終わり」の3つの部分の性格を共通理解していない**ということです。「はじめ」の部分は、大きくは「問題提起」「結論」であるといったようなそれぞれの部分の性格がわかっていれば、その性格に当てはめていくことで文章を分けていくことができます。

授業が停滞してしまう原因は、**参加する子どもの数が限られてしまう**ということです。

文章全体を3つに分けるためには、その文章をすべて読まなければなりませんが、国語に苦手意識をもつ子は敬遠しがちな活動です。ですから、授業を活発に行うためには、全員が参加するしかけが必要になります。

そこで、全員が参加するために板書を活用します。まず、3つの部分の性格を示した後、各自で意味段落の切れ目を考えさせます。

おおよそ全員が考えをもてたところで、グループにします。各自が考えたことをグループ内で発表し合い、そして検討し、グループとしての考えをまとめさせます。

各グループの考えは代表者に板書させます。黒板には段落番号と、班の番号を書いておき、自分の班の番号の横に書いてある段落番号に切れ目を入れていきます。

すべてのグループの考えが出そろったところで発表させます。その際、3つの部分の役割に合わせた理由を述べさせます。聞いている側には、発表に入る前に、3つの部分の役割に照らし合わせ、どのグループの考えが最も適切か考えながら聞くように指示します。

すべてのグループの発表が終わったら、切れ目が共通しているところをまとめ、異なっているところについての検討を行います。**すべてのグループの考えが黒板に集まっているので、全員の意識が黒板に集中し、積極的に検討することができます。**

事例解説『ありの行列』

『ありの行列』（3年）は、えさと巣の間にできるありの行列は、なぜ起きるのかについて説明した文章です。

9段落構成となっていて、「はじめ―中―終わり」で組み立てられています。

「はじめ」には、文章全体を通した問いがなされています。

また、「終わり」は「このように」というまとめに使われる接続語が冒頭に書かれ、それまで述べてきたことを一般化しており、3つの部分の性格がはっきりと出ている説明文です。

授業では、学習課題を **「『ありの行列』を三つに分けよう」** と設定します。

そして、見通しを **「『はじめ―中―終わり』の役割に合わせて考えよう」** とします。

その際、「はじめ」は「筆者の言いたいこと、話題、疑問」「中」は「くわしい説明」「終わり」は「まとめ、筆者の考え」というように3つの部分の性格の確認をします。

導入場面では、形式段落の頭に数字を書かせながら全文の音読をさせます。

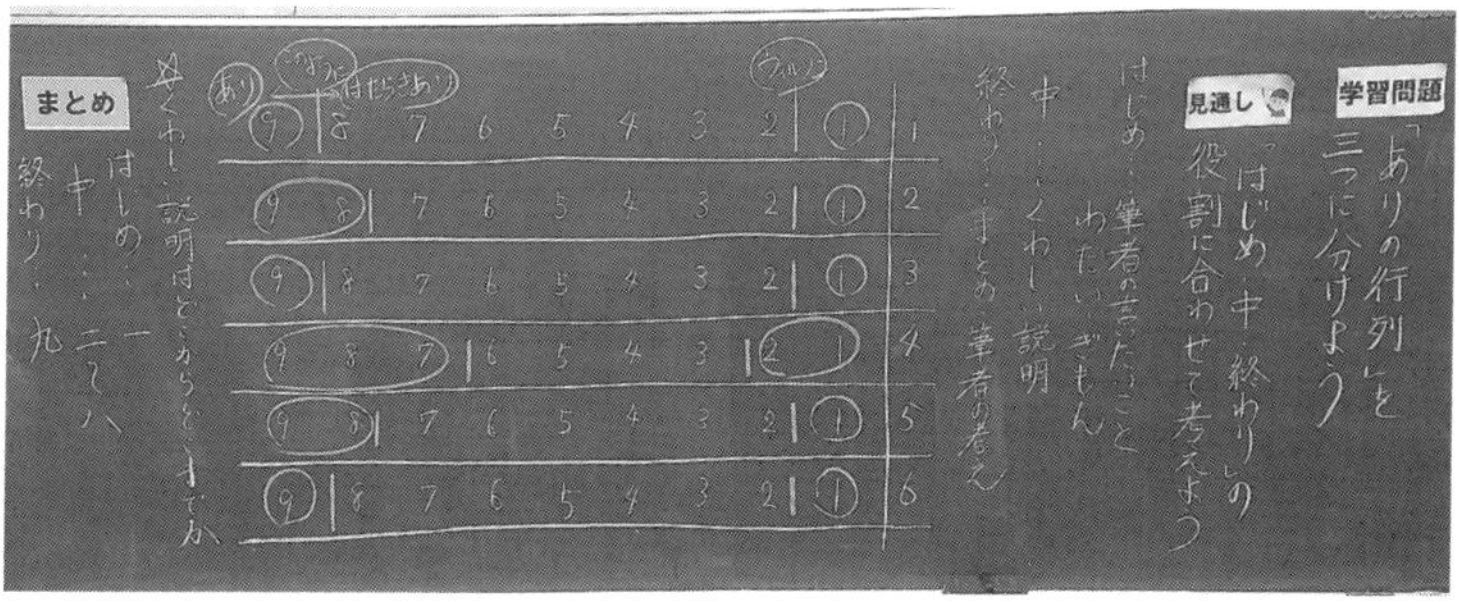

その後、形式段落の確認をし、個人追究で、文章全体を3つに分けます。

各自の考えができたところで、グループになり、グループの考えをつくらせます。

グループの代表者は黒板に自分たちのグループの考えを書きます。グループの考えが出そろったところでグループの代表者に区切れ目と理由を発表させます。

はじめの部分は1段落だけか、2段落まで含むかで意見が分かれます。終わりの部分は9段落だけのもの、8段落まで含むもの、7段落まで含むものに意見が分かれます。**黒板にはすべてのグループの考えが書かれているので、意見の分布状況や共通点や相違点がお互いによくわかります。**「詳しい説明」の範囲を考え合い、全体の結論を導き出していきます。

ホワイトボードで意見を比較する

物語を読み、作品に対して感想をもつことと同様に、説明文でも文章を読み、自分の考えをもつのは大切なことです。

自分の考えをもつ対象には2つあります。

1つは、**結論を中心とした内容**です。

特に、高学年になって学習する、筆者の意見を述べた形の説明文に対しては、子どもたちに自分の考えをもたせたいものです。

筆者の考えに対して、納得する、あるいは納得することができない、ということを、理由をあげて述べたりすることは、得た情報をそのまま受け取ってしまうのではなく、自分の考え方に照らし合わせて情報と向き合い、活用する姿勢につながります。けれども、小学生ではそのような批判的な読みはなかなか難しいものです。筆者が主張していることを自分の生活や体験に当てはめてみるということでもよいでしょう。

もう1つは、**論理展開などの書き方のわかりやすさ**です。

例えば、具体例の並べ方としてやさしいことから複雑なことの順に並んでいるのでわかりやすいとか、筆者の考えはあるけれども一部に理由や事例が書かれていないのでわかりにくい、といった考えをもつことができます。

このような、文章に対してもったそれぞれの考えを黒板に示すことによって、互いの考えを知ることができます。そして、文章に対する考えを広げることにつながります。

学級全員の考えが互いにわかることが理想ですが、全員の考えを黒板に書くと、かえって読みにくくなってしまいます。

そこで、**文章に対する考えをグループごとにまとめて黒板上に示し、お互いに読み合うようにします。**

グループの考えをまとめていくのに使うのはホワイトボードです。

ホワイトボードの利点の1つは、消したり書いたりすることが手軽にできるということです。文章に対してもった各自の考えをホワイトボード上で練り上げます。また、マグネットを使って黒板に貼り、お互いの考えを読み合えるというのも大きな利点です。

事例解説『笑うから楽しい』

『笑うから楽しい』（6年）は、感情によって表情があらわれるという一方で、表情によっても感情が生まれるということを述べた文章です。話題が身近であることとともに、一般的な常識とは異なった主張を、事例をあげてわかりやすく述べているため、子どもたちにとっては肯定的な考えをもちやすい教材であると同時に、疑問ももちやすい教材です。

筆者の考えとその根拠となる事例の整理を終え、文章の内容を理解した後の授業について述べます。

学習課題として**「筆者の考えに対する自分の考えをもとう」**ということを設定します。そして、**「お互いの考えを聞き合い、自分の考えと比較する」**という見通しをもたせます。

授業の冒頭で、筆者の述べている「体の動きは心の動きに働きかける」ことに対して、納得するかしないかを子どもたちに問います。

子どもたちの意見の分布状況がわかったら、納得するかしないかで席を分けます。そして、なぜ納得するか、しないかを理由をつけて文章化させます。

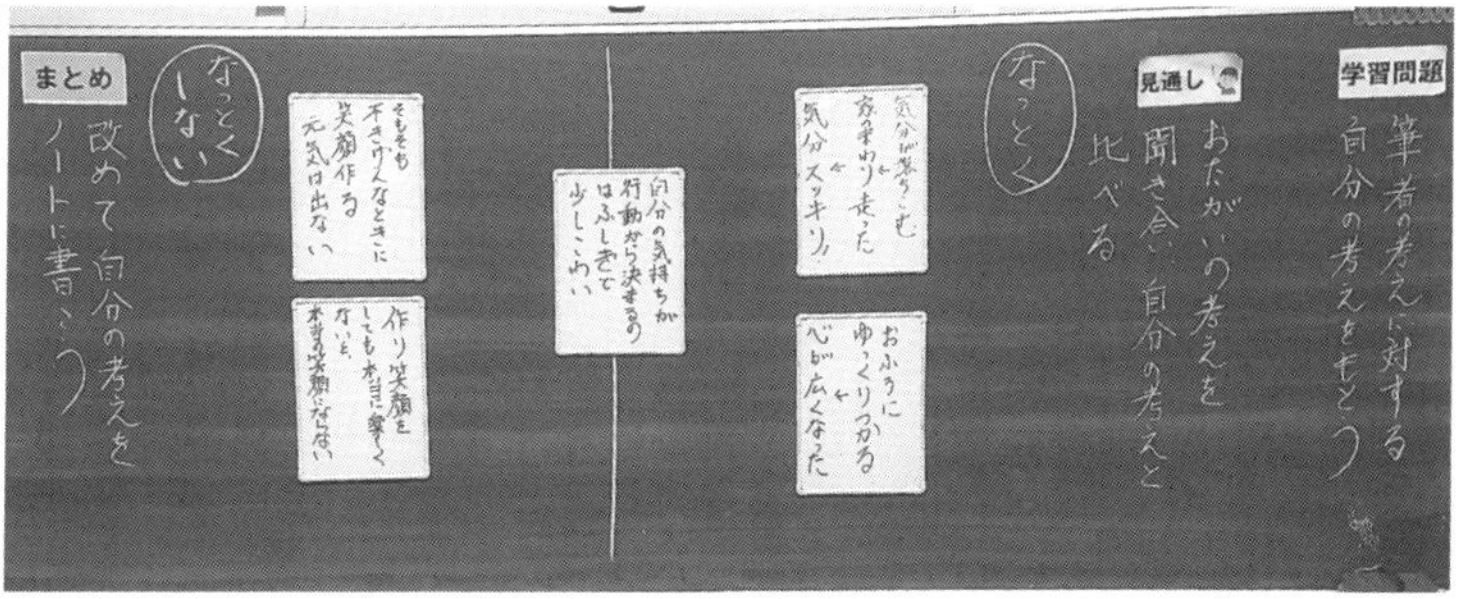

各自が自分の考えをもてたら、同じ考えの子ども同士で3、4人のグループをつくります。

グループでは、**反対の立場の人たちがなるほどと思う意見をつくるという意識で、お互いが考えたものを基に、グループとしての意見をホワイトボード上につくっていきます。**

グループの意見ができたら、黒板にホワイトボードを貼ります。

そして、ホワイトボードに書いた意見をグループごとに発表し合います。そのうえで、発表されたものに対する意見交換をします。

このようなことを経て、筆者の考えに対してどう思うかを一人ひとりに改めて考えさせます。

キーワードに着目し、内容をつかむ

教科書には、自然科学を扱った説明文が多く登場します。そのような文章の場合、筆者がどんなことに関心をもち、探っていったのかについて理解していないと、内容がつかめません。

そこで大切なのが、筆者の関心に応じたキーワードに着目し、内容をつかむ読み方をしていくことです。

例えば、『天気を予想する』（5年）では、「天気を予想する方法と課題」に着目し、その具体を取り出していくことにより、内容を理解していくことができます。

学習している説明文で筆者がどんなことに関心をもっているのかは、序論を読めばおおよそわかります。そのうえで、具体的にどんなキーワードに沿って読んでいけばよいかを黒板上ではっきりさせ、内容を読み取っていきます。

キーワードに着目し、内容をつかむ

事例解説『ウナギのなぞを追って』

『ウナギのなぞを追って』（４年）は、ウナギのたまごが生まれる場所をつきとめるまでの研究について書かれた文章です。年代や大きさなどの数字がたくさん出てくるため、着眼点を定めて読んでいかないと文章の内容を理解することができません。

筆者の関心は、「たまごを産む場所を見つけること」です。たまごを産む場所を見つけるための研究の様子を把握していくために着目していくキーワードとなるのは、ウナギの稚魚を発見した「年」、発見したときの「体長」、発見した「場所」です。

授業では、**「ウナギのたまごを見つけるまでの流れを整理しよう」**という学習課題を設定します。また、見通しを**「体長・場所・年に注目する」**と立てます。

黒板には、**「体長」「場所」「年」を項目にした表をかきます。**まず、年に○をつけながら全文を読ませます。そして、最初にウナギの稚魚がとれたところに関する体長・場所・年に応じた記述を、全体で確認しながら取り出させます。

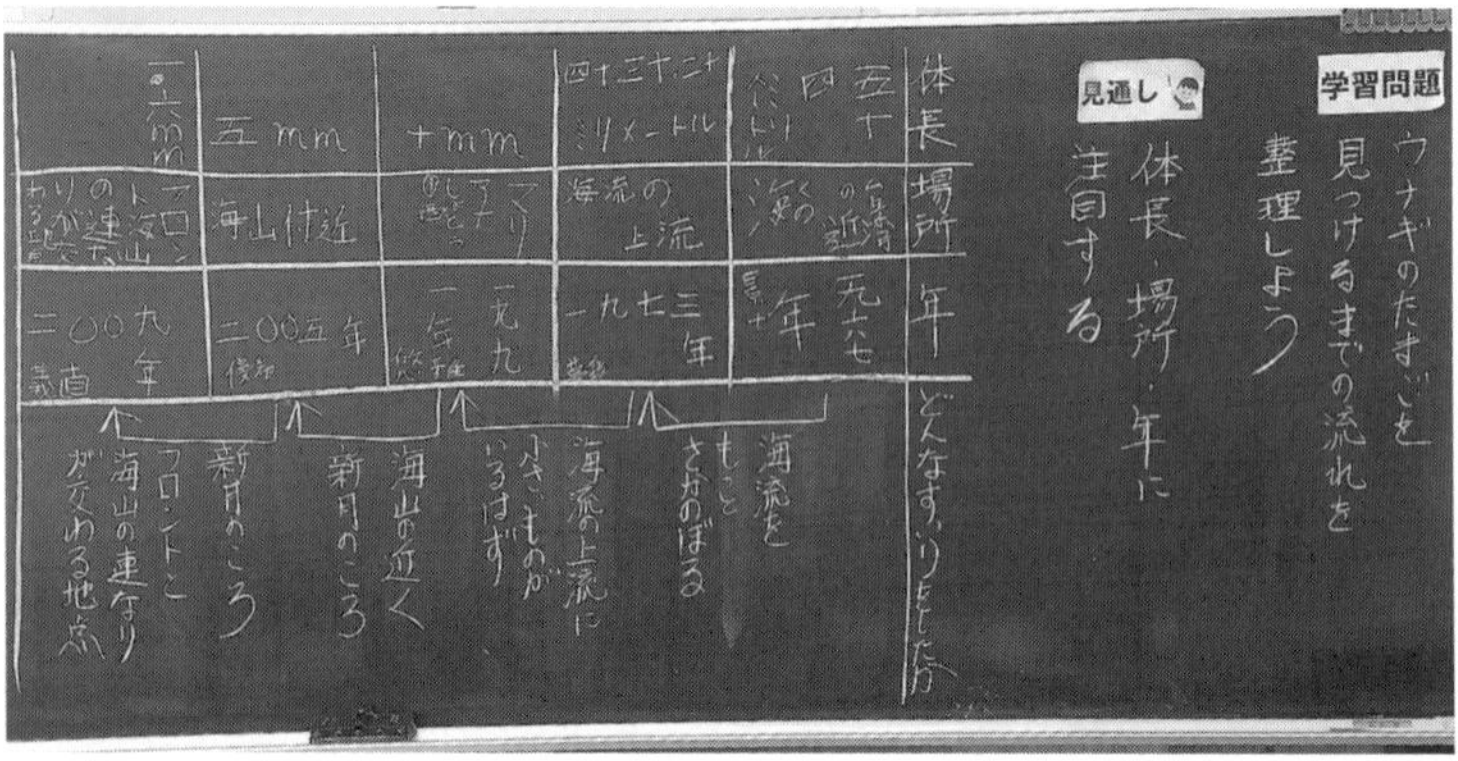

次に、ウナギの稚魚、そしてたまごがとれたことに関する記述は残りいくつになるかを確認します。

そのうえで、個人追究で、残った項目を記入させていきます。早く表が完成した子は教師のところにノートを見せます。ノートを見せた子に、ノートに書いた内容を黒板に書かせます。

黒板上で表が完成したら、全体で内容の確認をします。気づいたことを言わせると、だんだん稚魚が小さくなったことや、時間が大変かかっていることが出されます。

そこまで把握できたら、次の発見に進んでいくまでに筆者はどのような推理をしたのかを読み取らせることにつなげていきます。

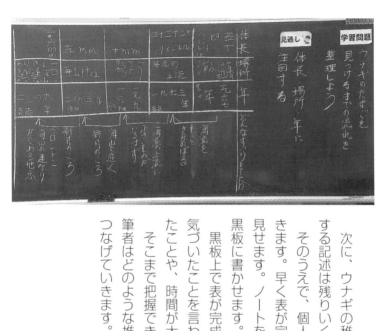

第4章 教材・教具活用の技術

Chapter4

「要約・感想文チャート」で読解力の高まりを自己評価させる

「では、この説明文の要約文と感想文を書いてみましょう。要約文を200文字以内、感想文を200文字以内で書きます」

説明文に書かれていることを要約して自分の考えを形成し、それを学級の仲間と共有できるようにすることが、説明文の読解を通じて子どもたちに身につけさせたい力の1つです。

この力が身についたかどうか、教師が見取るだけではなく、子ども自身が自己評価できるワークシートが、「要約・感想文チャート」です。これは、次のページのように、**右（上）側部分と左（下）側部分と、ふりかえり欄の3つの部分で構成されています。**

右側部分を書くのは単元開始当初です。教材文と出会って、小見出しをつけた後に書きます。この時点では、なかなか書くことができない子どもがたくさんいます。

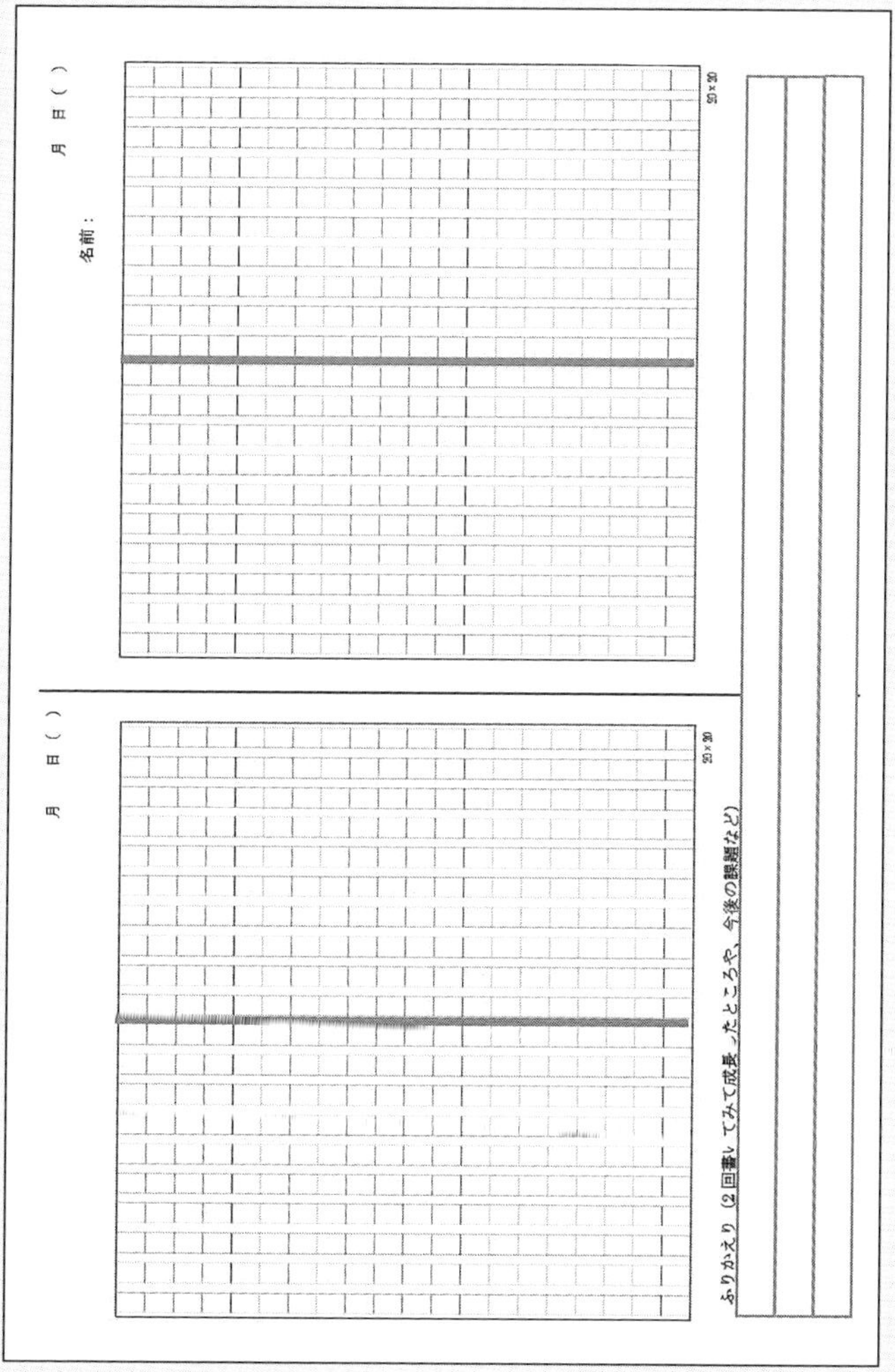
月　日（　）
名前：
20×20
月　日（　）
20×20
ふりかえり（2回書いてみて成長したところや、今後の課題など）

単元を通じて、子どもは意味段落ごとの要約文を書き、読み取ったことに対する感想をもちます。

そして、すべての意味段落ごとの要約文づくりができたら、「要約・感想文チャート」の左側部分を書きます。単元当初は全然書けなかった子どもはもちろん、ある程度要約文が書けていた子どもであっても、自分自身の学習の効果を実感することでしょう。また、学習を積み重ねて様々な感想をもつことができるようになっているため、感想文を書く際にも、質が高まったことを子どもたち自身が実感できます。

子ども同士で読み合いをさせ、お互いの考えを共有したら、ふりかえり欄を書かせましょう。自分自身の書きぶりの変化に気づき、今後もがんばってみたいことや、課題となった点について、客観的に書く姿が見られるはずです。

新しい学習指導要領では、「主体的・対話的で深い学び」がキーワードになっています。学びの主体は、子どもです。子どもが「主体的・対話的で深い学び」を行えたことを、単元を通じて実感させたいものです。そのためには、子どもが自分自身の成長に気づけるよう、学びの成果を表現し、これをふりかえることが不可欠です。

（この取組の詳細は、拙著『小学校国語のパフォーマンス評価』（明治図書）をご参照ください）

「要約・感想文チャート」で読解力の高まりを自己評価させる

事例解説『ウミガメの命をつなぐ』

要約には、対象となる文章全体をまとめる要約と、興味をもった部分をまとめる要約の2種類があります。

はじめて要約を行う際は、興味をもった部分をまとめる要約を行うことをおすすめします。**子どもが書きたいと思える部分の方が、書く際のハードルが下がるから**です。

子どもが『ウミガメの命をつなぐ』を読み、各意味段落に分け、その小見出しをつけた次の時間に「要約・感想文チャート」を書かせます。この段階で、子どもは文章全体の流れをある程度押さえられるので、興味をもった部分を特定することができるでしょう。

- 興味をもった部分の要点を一文で書く
- 要点についての説明をする（「なぜなら」「それは」などのつなぐ言葉を使う）
- 全体をまとめる一文を書く（「つまり」「このように」などのまとめる言葉を使う）

前ページにあげた3つのポイントを踏まえて、要約文の書き方を押さえます。この3点を押さえて文章にすることができたら、それが要約文になります。単元当初の時点では、満足に書けない子どももいますが、要約文を書いた箇所についての感想文も書かせておきましょう。

なお、「要点」については、3年生で学習しますが、忘れている子どももいるかもしれないので、次のように押さえ直すことも必要です。

要点…段落の中の中心となる言葉や文をまとめた大事な内容のこと。

次時からは、意味段落ごとに要約文を書き、文章全体を押さえていきます。この中で、子どもは要約文の書き方に習熟し、感想を様々な観点からもち始めます。

そして、単元の終末に再び「要約・感想文チャート」を書くころには、自信をもって鉛筆を動かす姿が見られるようになるでしょう。

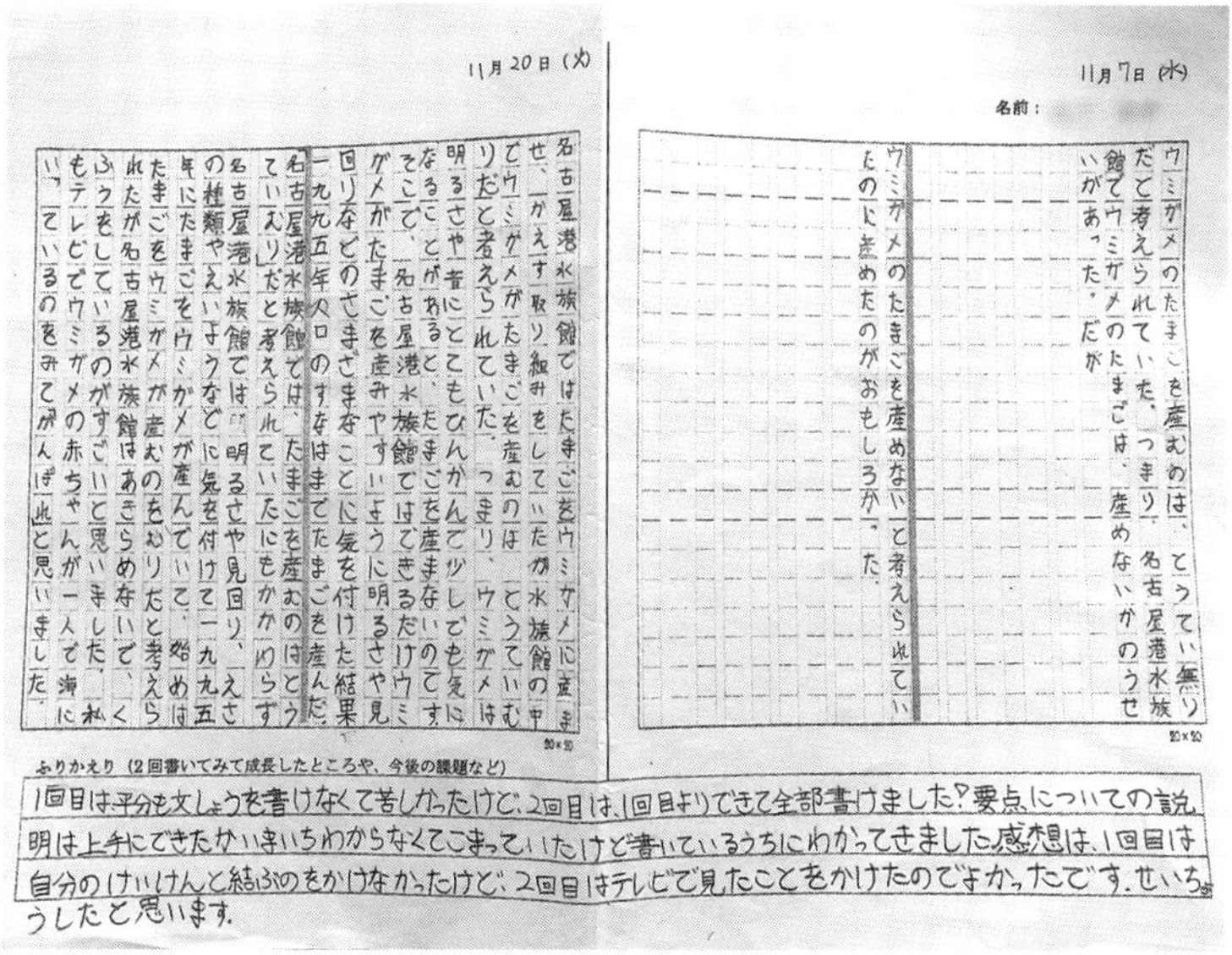

11月7日（水）

名前：

ウミガメのたまごを産むのは、とうてい無りだと考えられていた。つまり、名古屋港水族館でウミガメのたまごは、産めないがのうせいがあった。だが

ウミガメのたまごを産めないと考えられていたのに産めたのがおもしろかった。

20×20

11月20日（火）

名古屋港水族館ではたまごをウミガメに産ませ、「かえす」取り組みをしていたが水族館の中でウミガメがたまごを産むのはとうていむりだと考えられていた。つまり、ウミガメは明るさや音にとてもびんかんで少しでも気になることがあると、たまごを産まないのです。そこで、名古屋港水族館ではできるだけウミガメがたまごを産みやすいように明るさや見回りなどのさまざまなことに気を付けた結果一九九五年入口のすなはまでたまごを産んだ。

名古屋港水族館では、たまごを産むのはとうていむりだと考えられていたにもかかわらず名古屋港水族館では「明るさや見回り」「えさの種類やえいようなど」に気を付けて一九九五年にたまごをウミガメが産んでいて、始めはたまごをウミガメが産むのをむりだと考えられたが名古屋港水族館はあきらめないで、くふうをしているのがすごいと思いました。私もテレビでウミガメの赤ちゃんが一人で海にいっているのをみてがんばれと思いました。

20×20

ふりかえり（2回書いてみて成長したところや、今後の課題など）

1回目は半分も文しょうを書けなくて苦しかったけど、2回目は、1回目よりできて全部書けました。要点についての説明は上手にできたかいまいちわからなくてこまっていたけど書いているうちにわかってきました。感想は、1回目は自分のけいけんと結ぶのをかけなかったけど、2回目はテレビで見たことをかけたのでよかったです。せいちょうしたと思います。

上の作品は、子どもの「要約感想文チャート」の実物です。要約文、感想文とともに、ひと目で単元の学習前後の変容が見て取れます。

大きな短冊を利用してグループごとに小見出しづくりをする

「まずは、この説明文の小見出しをつくりましょう。グループごとに分担します」

前項でも述べた通り、説明文に書かれていることを要約して自分の考えを形成し、それを学級の仲間と共有できるようにすることが、説明文の読解を通じて子どもたちに身につけさせたい力の1つです。

これに先立ち、説明文の構造と内容の把握を進めるため、小見出しづくりを行うのは、基本中の基本と言えます。

ですが、子どもは最初から自分の力だけで小見出しをつくることができるわけではありません。教師からヒントを得て、グループで相談しながら、手探りでその力を身につけていきます。

そこで、大きな短冊を利用して、グループごとに意味段落を分け、小見出しづくりをする方法を紹介します。

グループごとに意味段落を分けるとは、次のようなイメージです（『ウミガメの命をつなぐ』（4年）を例にしています）。

始め…①〜④段落　　小見出し「　　　　　　　」
中一…⑤〜⑨段落　　小見出し「　　　　　　　」
中二…⑩〜⑬段落　　小見出し「　　　　　　　」
中三…⑭〜⑰段落　　小見出し「　　　　　　　」
中四…⑱〜⑲段落　　小見出し「　　　　　　　」
終わり…⑳段落　　小見出し「例　水族館の役わり」

○数字は形式段落番号で、**意味段落ごとに分担してグループで小見出しを考え、大きな短冊（B４の半分程度）に書きます。**

事例解説『ウミガメの命をつなぐ』

グループ学習の前に、手本となる段落を使って、小見出しのイメージを共有します。小見出しづくりをした後に、学級全体で質の高い検討を行えるようにするためです。手本は、始めの意味段落にこだわる必要はありません。**意味段落のまとまりとして、全体の文字数が少なく、形式段落の数が1つ程度のところが適しています。**

『ウミガメの命をつなぐ』では、「終わり」、即ち、形式段落⑳を手本に選びました。

- ・意味段落で詳しく書かれていることを表す大事な言葉・文を見つける。
- ・できるだけシンプルで、短い文字数にする。（10～20字程度）
- ・文末は体言止めにする。

小見出しの条件を右のように伝え、⑳段落の小見出しを「水族館の役わり」と示すと、「なるほど…、こんなに短くていいんだ」「そうか、大事な言葉をどんどんつけ足せばいい、

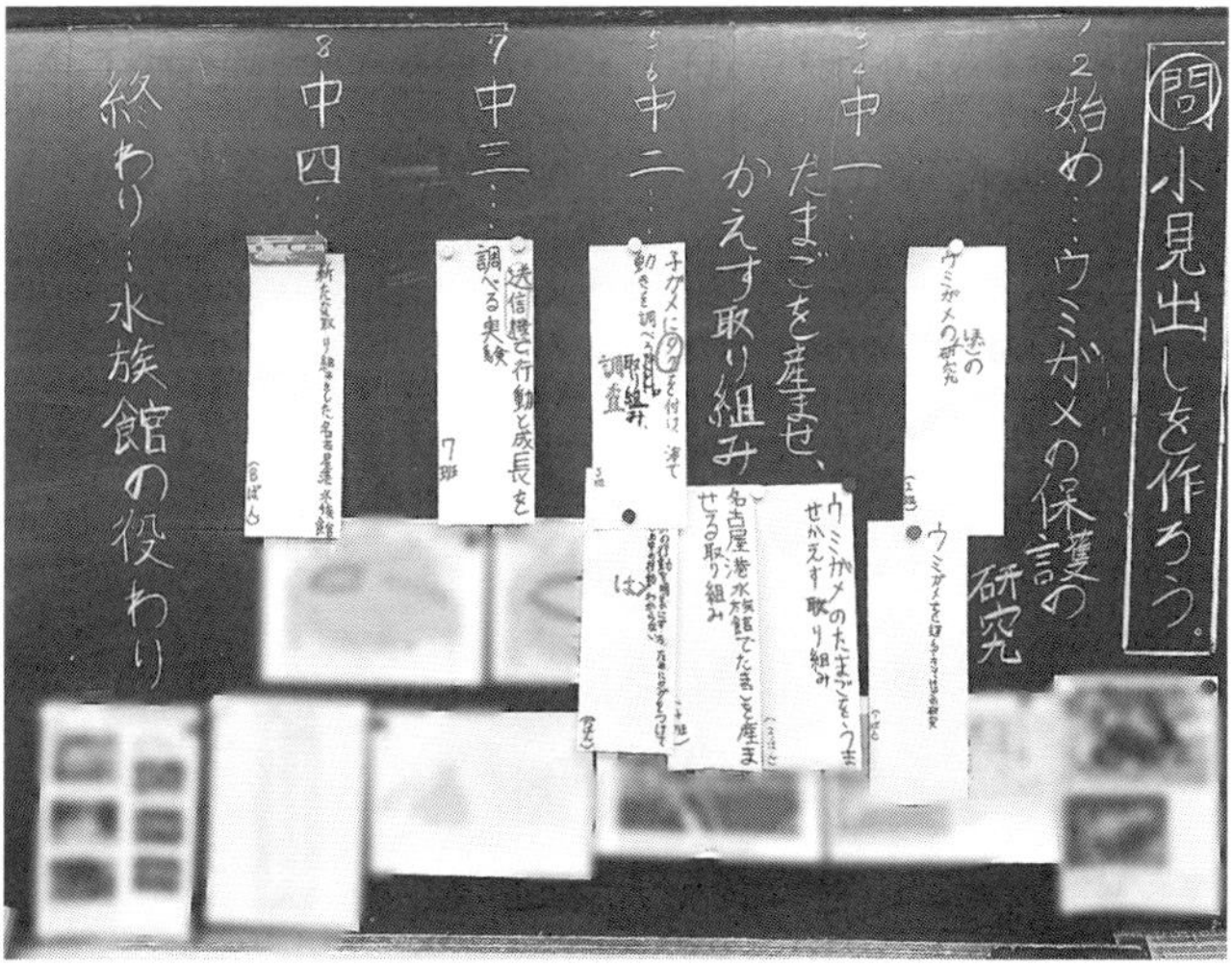

ってものでもないんだな」「小見出しだもんな…、長い文にしてしまったら、つくる意味がないよな」などと、子どもたちは小見出しのイメージをつかみ始めます。

　また、小見出しをグループで考えていく中で、本文の図や写真をヒントに、小見出しが、意味段落の中で大事な情報となっているかどうかを検討します。

小見出しを基にしたワークシートで要約文をまとめさせる

説明文の要約を指導する際、子どもたちが検討した小見出しを使わない手はありません。子どもが意味段落の小見出しを作成したら、その文言を基にしたワークシートをつくりましょう。

次ページに示したワークシートは、小見出しを記入してあるスペース（上段）と、意味段落ごとの要約文を書くスペース（下段）に分けてあります。要約文を書く際に、小見出しは重要な役割を果たします。

「始め」の欄には「要点」と書かれた行と、「説明」と書かれた行があります。

では、ここでいう「要点」と「説明」はどのように書けばよいのでしょうか。

意味段落ごとの大事な言葉や文

始め①〜④	中一⑤〜⑨	中二⑩〜⑬	中三⑭〜⑰	中四⑱〜⑲	終わり⑳
ウミガメの保護の研究	たまごを産ませ、かえす取り組み	子ガメにタグを付け、海で動きを調べる取り組み	送信機で行動と成長を調べる実験	新たな取り組みをした名古屋水族館	水族館の役割

意味段落ごとの要約文

始め			中一			中二			中三			中四			終わり		
要点	説明	説明															

●要点

「いつ」「どこで」「だれが（何が）」「どうしたのか」を一文で整理する

説明文では、「始め」「中」「終わり」の意味段落ごとに、それぞれ要点があります。それを最も端的に表しているのが小見出しなので、ここで言う「要点」は、まず、小見出しとして書かれていることについて「いつ」「どこで」「だれが（何が）」といった情報を補います。

これを整理して、「いつ」「どこで」「だれが（何が）」「どうしたのか」という文型にすると、意味段落ごとの要点が整理できます。具体的には、「どうしたのか」の部分に小見出しを当てはめればよいのです。

●説明

要点を一〜二文で補足する

要約をするためには、要点だけでは情報が不十分になることがあります。そこで、要点についての情報を一〜二文程度で補足します。これが、ここで言う「説明」になります。

小見出しを基にしたワークシートで要約文をまとめさせる

事例解説『ウミガメの命をつなぐ』

学習をする前に、必ず手本をつくって、イメージを共有します。学級全体で質の高い検討を行えるようにするためです。例えば、次のように手本を示します。

> 二十世紀半ばごろ、世界中でウミガメの研究がさかんになった。（要点）
> なぜなら、ウミガメがぜつめつしそうだったからだ。（説明）
> それは、ウミガメがそうしょく品の材料になったり、たまごを産むすなはまがうめ立てられたりしたためだ。（説明）

T　では、手本のようにグループで「中一」の要約文をつくってみましょう。

C1　小見出しは「たまごを産ませ、かえす取り組み」だよね。いつ、どこで、だれが…
（教材文を読み、探る）。

C2 「だれが」は、「名古屋港水族館」でいいんじゃない。
C3 「どこで」は、「愛知県」だよね。
C4 「いつ」は…、「一九九二年」だ。
C1 じゃあ、要点は「一九九二年に愛知県に開館した名古屋港水族館は、（ウミガメが）たまごを産みやすいように取り組んだ」でいいかな。
C2 説明は…、どうして取り組んだのかを書けばいいんだよね？
C3 いや、「中二」に書かれているのは、どんな取り組みなのか、じゃない？
C4 そうか。
C1 人工の砂浜にまわりの明かりが入らないようにしたとか、見回りをしたとか、えさの種類や栄養、血液を調べたとか…いっぱいあるよね。
C2 とりあえず、書いてみよう。
（ミニ黒板に書き始める）
T では、みんなで確かめてみましょう。みなさん、要点を整理した後、説明を書くところで苦労していましたね。
（各グループで検討した要約文を発表し、検討を行う）

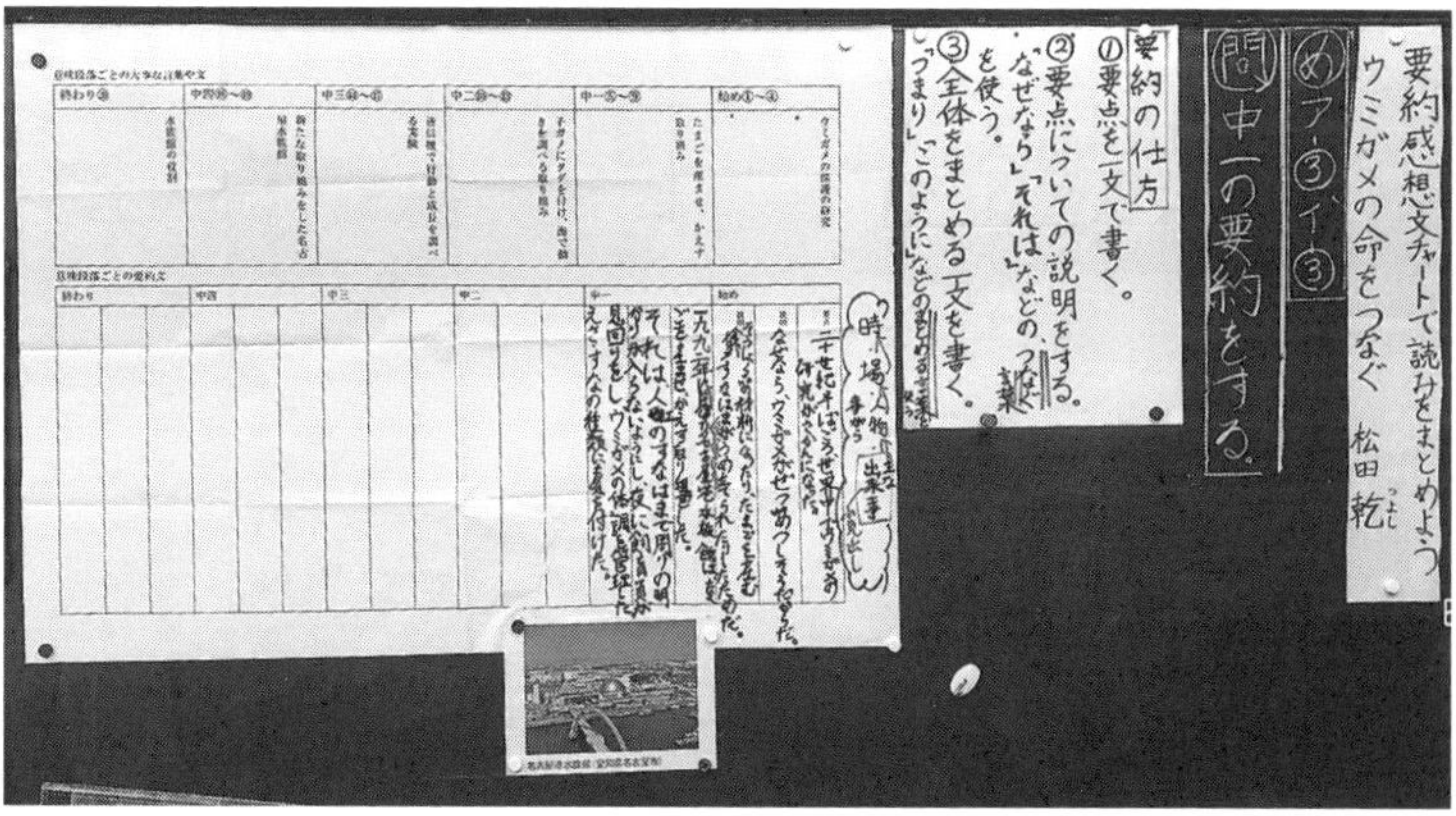

子どもが使用したワークシートと同様のものを上の写真のように拡大して黒板に掲示し、共有していきます。

子どもは、話し合いをしたり、実際に書いたりしながら少しずつ上達していきますが、これは、ワークシートに小見出しが書かれているからです。つまり、**小見出しから要点を考え、要点を説明するという一連の流れの起点が示されているので、教材文を読む箇所や、グループで話し合う内容が明確になる**のです。

ミニ黒板を利用してグループごとに要約文をつくらせる

「では、ミニ黒板を配ります。グループごとに要約文をつくりましょう」

説明文に書かれていることを要約する際、グループ学習を効果的に行えば、個々の力も少しずつ高めていくことができます。

グループ学習を支える重要な教材・教具が「ミニ黒板」です。私が学級で使用しているミニ黒板（次ページ写真）は、30㎝×45㎝で、裏面にマグネットがついています。これは、**8グループ（8枚）分を教室の黒板に貼りつけたとしても、他の情報を板書することができる、とても便利なサイズ**です。

折れて小さくなってしまったチョークを子どもに与え、ミニ黒板に板書させると、それぞれのグループでの学習が活性化します。黒板消しの代わりに、乾いた雑巾を使わせれば、字を消すことも簡単にできます。

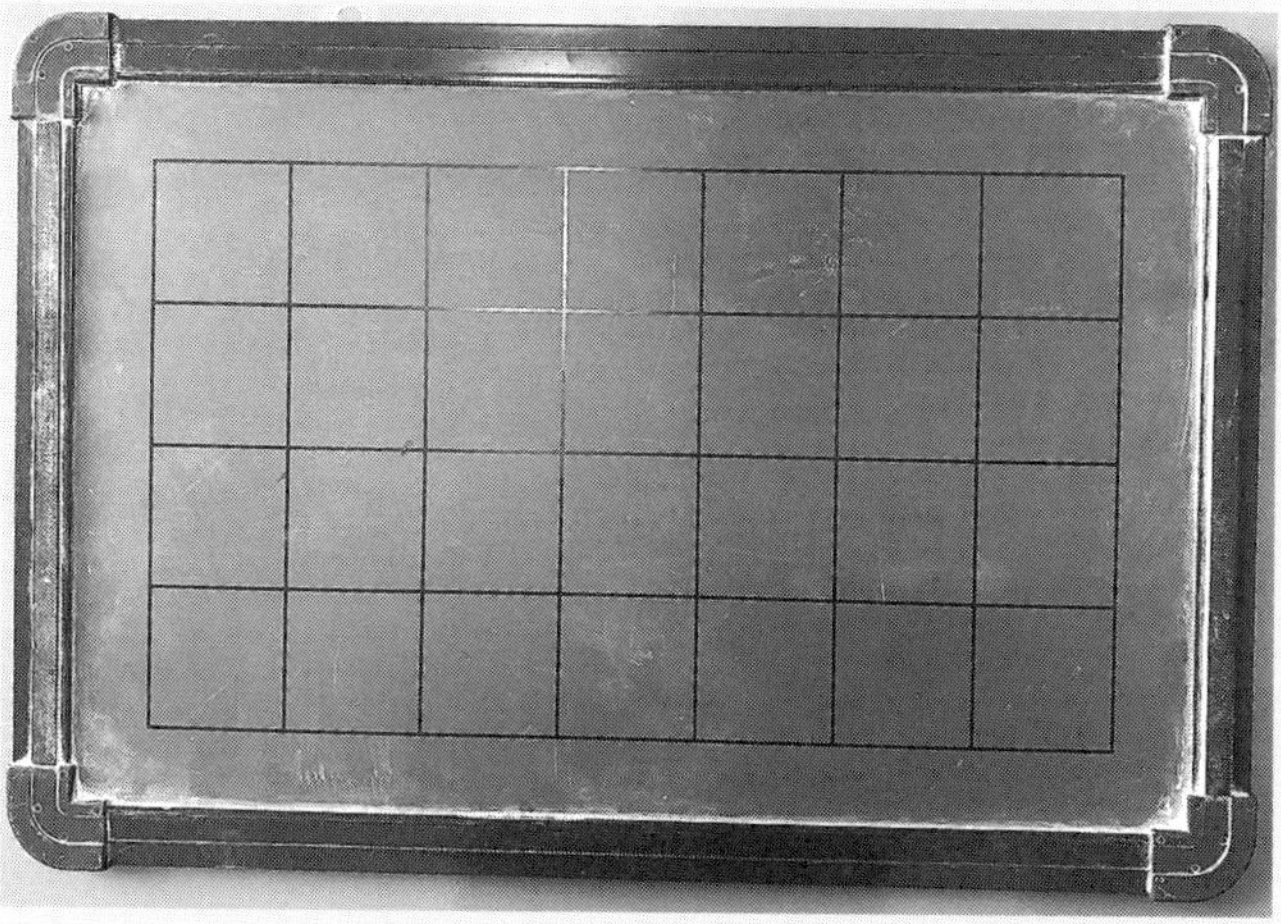

さて、このミニ黒板を用いて、要約文づくりをすることを考えてみます。

説明文を読むとき、意味段落ごとの要約文を書くと、その後、文章全体の要約文や、自分が興味をもった部分についての要約文が書きやすくなります。この学習を、グループで話し合ったり、読み合ったりしながら行っていくことで、主体的・対話的な学びの場となります。

ミニ黒板とチョークを各グループに配付し、指定した意味段落の要約文づくりをする場を設定します（乾いた雑巾をグループに１枚用意することも忘れずに）。

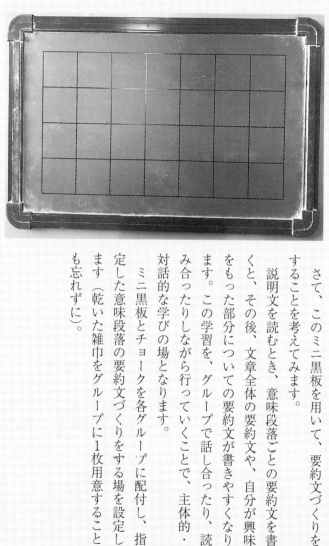

事例解説『ウミガメの命をつなぐ』

「では、『中四』の要約文を考えてみましょう」

この指示で、グループごとに要約文をつくり、でき上がったらそれぞれ黒板に貼りつけます。この意味段落では、具体的に、「新たな取り組みをした名古屋港水族館」という小見出しについて詳しく説明できることが求められます。教材文から、どのような取り組みをしたのか、また、なぜその取り組みをしたのかを要約することが求められます。

以下の事例では、2班が合同で話し合いを行い、1枚のミニ黒板に書きました（そのため「1・2班」や「3・4班」などと表記されています）。

C1　私のグループの要約文は、「長崎の海でつかまえたメスのウミガメは日本の近くでたまごを産むのか。産むとしたらそれまで、どのような生活をするのか。それをときあかすためにもう一度放流した」です。

T　あぁ、惜しいですね。つなぐ言葉が入ると、要点の一文とのつながりがはっきりし

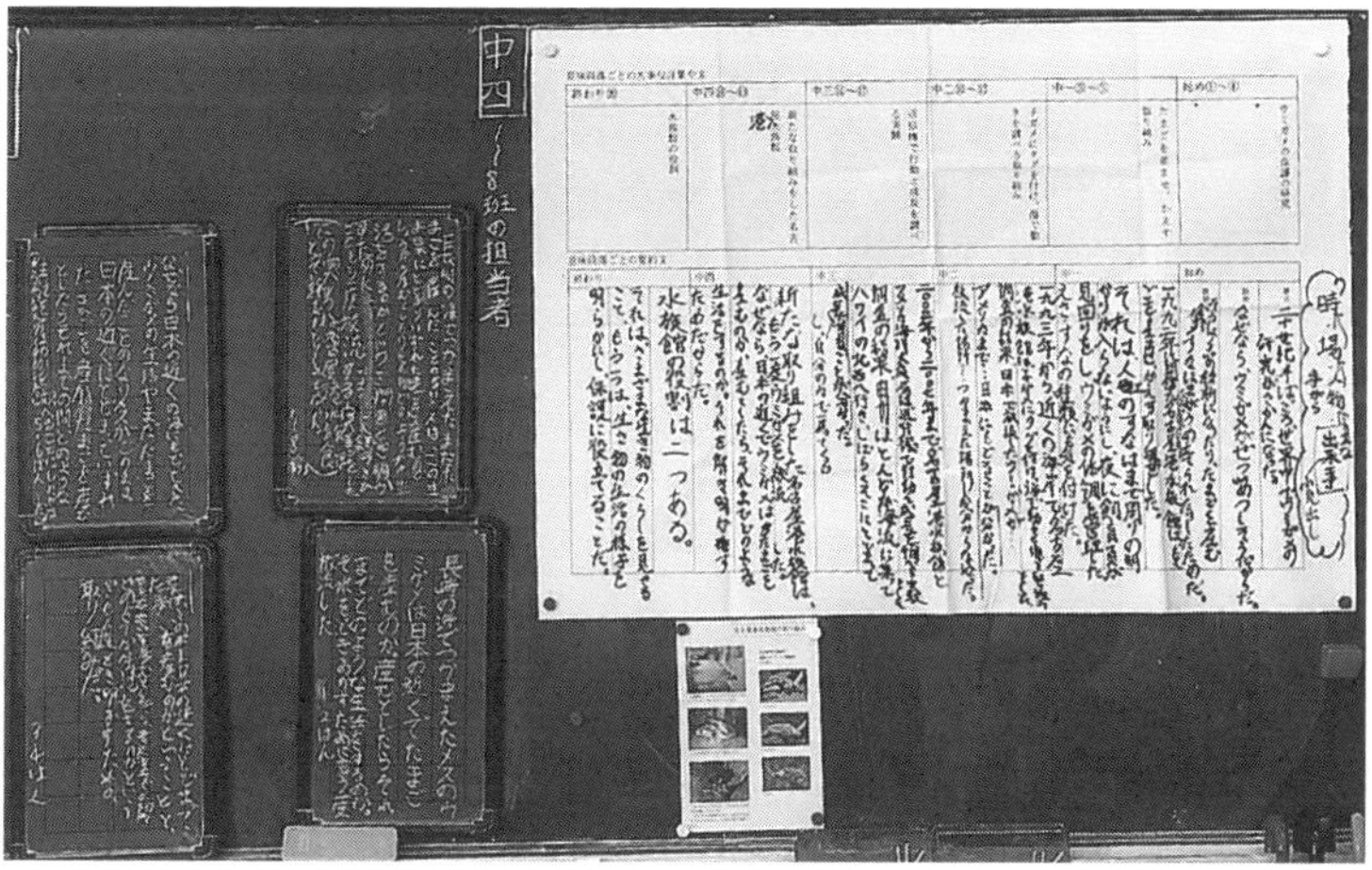

ます。どんな言葉でつなげましょうか？

C2　「なぜなら」を入れたら、いいと思います。新たな取り組みをした理由が書かれているから。

C3　あぁ、確かにそうだ。

T　同じグループのみなさん、どうですか？

C1　確かに、そうだなって思いました。

T　そう言えば、5・6班のミニ黒板に「なぜなら」と書いてありますね。

C4　先生、3・4班は「それは」で始めました。こっちの言葉はどうですか？

T　確かにそうですね。みなさん、どう思いますか？「なぜなら」と「それは」では、どちらが読みやすいですか？

C全　う〜ん…（考える）。

C5　やっぱり、「なぜなら」でいいと思います。「中三」までの実験から新たな取り組みをしているから、理由を説明するように書いた方がいいです。

T　C5さん、前の意味段落からも考えられて、すごいですね。どうですか、みなさん。

C全　確かに！

C全　C5ちゃん、すごい。

T　では、改めてワークシートに書きます。

ミニ黒板は、**他のグループの記述内容と比較検討して、よりよい要約文へと練り上げていく過程が生まれる、様々な可能性を秘めた教材・教具**と言えます。他にも、様々な活用方法があります。教室で、ぜひ工夫してみてください。

第5章

音読指導の技術

Chapter5

ゆっくり・はっきり・すらすら読ませる

「たんぽぽは、（うん・1秒）わたげをとばしてなかまをふやします。（うんうん・2秒）」

「点『、（句点）』で1秒、マル『。（読点）』で2秒ですよ」

こんな音読をしていませんか？

そもそも、句点や読点は、黙読する際に、文章の意味を捉えやすいようにつくられたものです。ですから、音読の際に、句点や読点で「何秒空けなさい」と指示することはなじみません。

音読の目的は、読みながら内容を理解することです。

「読書百遍義自ずから見る」（どくしょひゃっぺんぎおのずからあらわる）という言葉があります。何度も読んでいると内容もわかるようになるという意味です。

まずは、句点や読点を気にせず、ゆっくりと自分の速さで読みます。**言葉を抜かしたり、違う言葉で読んだりしないように丁寧に読ませます。**

このときに意識するのは、はっきりと声に出させることです。ぼそぼそと聞き取れない声で読んでも意味がありません。ぼそぼそ読んでも頭の中で言葉が動くので、自分では聞き取れているかもしれませんが、**「自分の口から外に出た言葉が、自分の耳の穴から入っていく大きさで読むんだよ」**と指導します。

音読も、何度も読んでいると、すらすら読めるようになります。すらすら読めるということは、内容もある程度理解しているということです。

また、すらすら読めるようになると、話し合いの学習になった際に、文章が教材文のどこに書いてあるのかを把握しやすくなり、文章を手がかりにした根拠のある話し合いになります。

▼▼▼事例解説

子どもに音読させる前に、まず教師が見本として全体を範読します。**子どもたちには、教師の範読を聞きながら読めない漢字にルビを振らせます。**

次に、

「先生の後について読んでくださいね。一文ずつ読みますので、みんなで一緒に読んでみましょう」

と一文ずつ、後を追って読ませます。

そして、やっと子ども一人ひとりに音読させます。**念のため、「読めそうにない漢字はありませんか？」ともう一度、学級全体に問いかけておきましょう。**

「それでは、みなさん立ちましょう。音読をしましょう。速さは一人ひとり違ってかまいません。みんなでそろえて読まなくてもかまいません。そのかわり、ゆっくりと、はっきりと読んでください。もしも、わからない漢字や読みにくい場所が出てきたら、読んでいる途中でかまわないので、先生のところに聞きに来てくださいね」

と指示し、音読させます。


教師は、子どもの音読している教室を歩き回り、一人ひとりがどのような音読をしているのかを把握します。

そして、

「○○さん、あわてないで、もっとゆっくりでいいですよ」

「□□さん、もっと声を大きくはっきりと出してね」

と言葉をかけていきます。

音読が上手な子どもには、

「△△さんの音読はすばらしい。ゆっくりはっきり読めています」

と、**みんなに聞こえるような大きな声でほめてあげます。**


教室で教材文を１人で音読できるようになれば、その教材文について音読の宿題を出すことができます。

めあてや発問を先に示す

「それでは、今日勉強する『たんぽぽ』を読みましょう」

「〇〇君の列から、順番に読んでください」


ちょっと待ってください。

授業の最初になぜ読ませるのでしょうか?

今日の学習が『たんぽぽ』だから、とりあえず読ませていないでしょうか?

今日の学習の範囲を確認するのであれば、それもよいでしょう。ただ、子どもたちは今日どこを学習するのか、すでにわかっているはずです。意味もなく何となく読ませるのは、とてももったいないことです。

どうせ読ませるのなら、「考えながら」読ませましょう。

考えながら読ませるために、視点をあらかじめ与えます。

例えば、

「たんぽぽのちえは文章の中にいくつ書いてあるかな？　探しながら読んでください」

と、めあてや発問を先に示します。

すると、子どもたちの音読が意味あるものに変わります。

このような、考えて読ませる視点としては、次のようなものがあげられます。

- 読めない漢字を探す
- わからない言葉・語句を探す
- 内容の意味がわからない部分を探す
- 授業のめあてや発問を先に示し、答えを考えながら読む
- すらすら読むこと自体に挑戦する

授業を行う時期や内容に応じて、選んでください。

▼▼▼事例解説『たんぽぽ』

『たんぽぽ』（2年）を例にとります。

授業の最初に、

「今日の勉強は、『たんぽぽ』ですね」

と、確認した後、すぐに今日の授業のめあて・発問を示します。

「今から読む『たんぽぽ』の中から、たんぽぽのひみつがいくつ見つかるかな?」

このように、あらかじめ子どもに視点を与えます。

ここでは「いくつ見つかるかな?」と聞いているので、子どもたちは「ひみつ」を見つけながら、そして1つではなく、いくつ見つけたのか「数」を数えながら音読することになります。

また、読み終わった子どものために何をしておくのか指示を出しておきます。

「読み終わった人は、ノートに見つけた『ひみつの数』を書いておいてくださいね。さ

あ、いったい何個見つかるかな」

終わった子どもには見つけた場所に線を引かせておいたり、見つけた箇所はどんなひみつなのか一言で言えるようにさせたりしてもいいでしょう。

このように、考える視点を与えておくと、子どもたちも集中して音読に取り組みます。

授業の最後に音読させるときは、その日の授業で学んだところを意識させて音読させます。

「今日の授業では、全部で7つのひみつが見つかったね。そのひみつのところだけ、ちょっと大きな声で、すごいんだよって伝えるつもりで読んでみましょう」

授業のふりかえり、まとめとして音読させるときも、どんなつもりで読むのかを意識させましょう。

「接続語」を大切に読ませる

説明文の音読では、「例えば」「また」「さらに」「まず」「次に」のような接続語が出てきたら、意識してはっきりと読みます。接続語には、文と文、段落と段落をつなぐ役割があります。読みながらも、どのようにつながっているのかを考えながら読ませます。すると、内容理解にもつながります。ですから、**まずは意識的にゆっくりと、強く読ませます。**

例えば、『自然のかくし絵』（３年）には、次の接続語が出ています。

「たとえば」「それに」「そのため」「また」

「さらに」「このほかにも」「では」

「ですから」「ところが」「このように」

接続語には、①順接、②逆説、③並立・添加、④対比・選択、⑤説明・補足、⑥転換、などの機能があります。接続語の後の文章が、どのように展開されるのかを説明する言葉になるので、内容を理解するためにも重要な語句になります。

特に、接続語は段落の最初に来ることが多いので、ここがスムーズに読めると、段落全体をすらすらと読み進めることができます。

また、接続語を意識して強く読むことによって、読み方に変化が生まれます。

それは、聞いてくれる人を意識した読み方に変わります。

特に、教室のみんなに向かって1人で読む場合、接続語を意識して強く読むと、**相手に強調して「次の段落はね」「ここはね」という雰囲気で伝えようとする感じが出てきます。**

接続語は、文章の読解の際には大切にされますが、音読するときには、軽視されがちです。ここを意識して読むことで内容が理解でき、音読（読み方）が上手になります。

事例解説『自然のかくし絵』

説明文の音読が上手になるコツがあります。
それは、段落の最初にくる言葉を大切に読むことです。
段落の最初にくる言葉の多くは、「接続語」です。この接続語を大切に読みます。
「接続語を大切に読む」とは、次のように読むことです。

意識して「ゆっくり」「強く」、そして「語りかけるように」

『自然のかくし絵』（3年）を例にします。
「『自然のかくし絵』に限らず、どんな説明文を読んでいても、必ず出てくる言葉があります。それが『接続語』です。接続語とは、文と文や段落と段落をつないでいる言葉です。『例えば』や『また』『さらに』などです。『自然のかくし絵』には、どんな接続語が出てきますか？」

「このほかにも」

「ところが」

「このように」

「そうですね。この接続語を大切に読んでみましょう。**友だちに語りかけるように読んでごらん。**そうするととっても上手に読めるようになるよ」

「ところが、こん虫が自分の体の…」

このように説明しながら、実際に段落の最初に出てくる接続語の一文を読む練習をさせます。上手に読んでいる子どもを見本として紹介してもよいでしょう。


物語文では「朗読」「語り」のように、読み手の主観を大切に読むことが授業の中でも普通にありますが、説明文はどうしても淡々と読みがちになります。説明文であっても、接続語をゆっくり、強く、聞いてくれる人に向かって語りかけるように読むと、物語文の朗読のように聞きやすい音読に変わります。

「一文読み」で全員の読みを確認する

宿題の1つとして「音読」を課す先生は多いと思います。

では、その音読の宿題は、どこでチェックしているでしょうか？

保護者に、◎○△でカードにチェックしてもらうこともあるでしょう。教科書の題名の横に○を10個つけさせ、読んだら赤鉛筆で塗りつぶす方法もあるでしょう。

いずれにしても、教師はそれを確認して終わりにしていないでしょうか？


音読は、宿題をやったかどうか、本当に読めているかどうかは、実際に子どもの音読を聞いてみないとわかりません。かといって、全員の音読を聞いてあげることは授業中では無理ですし、すき間時間もなかなかとれません。

そこで、短い量を多くの子どもたちに読ませます。具体的には、**教材文を1人ずつ、一文だけ読ませていく**のです。

例えば、「廊下側の前の列から順番に読んでいきます」とあらかじめ読む順番を決めておき、最後の子どもが読み終えたら、最初の子どもに戻って教材文を読み終えるまで一文音読が続きます。

そして、1人が一文を読み終えた後に、

「よし！」

「マル！」

「二重丸！」

「もっと大きな声で」

「もっとはっきり」

などと端的に評価してあげます。

教室に自分の音読を聞いてもらえる場を設け、教師がきちんと音読の評価をしてあげることで、音読がだんだん上手になっていきます。

多くの分量をたまに読ませるよりも、短い量をできるだけたくさん読ませましょう。

▼▼▼事例解説『自然のかくし絵』

『自然のかくし絵』（3年）を例にとります。

この教材文には、文が25個あります。25人以下の学級であれば、一文ずつで、1人1回読むことができます。26人以上の学級であれば、全員が読み終わるまで教材文を2回読んでもよいでしょう。子どもがどれだけ音読ができているのかを確かめるのが目的ですから、**全員が読み終えたところで教材文が途中であっても終わってもよいでしょう。**

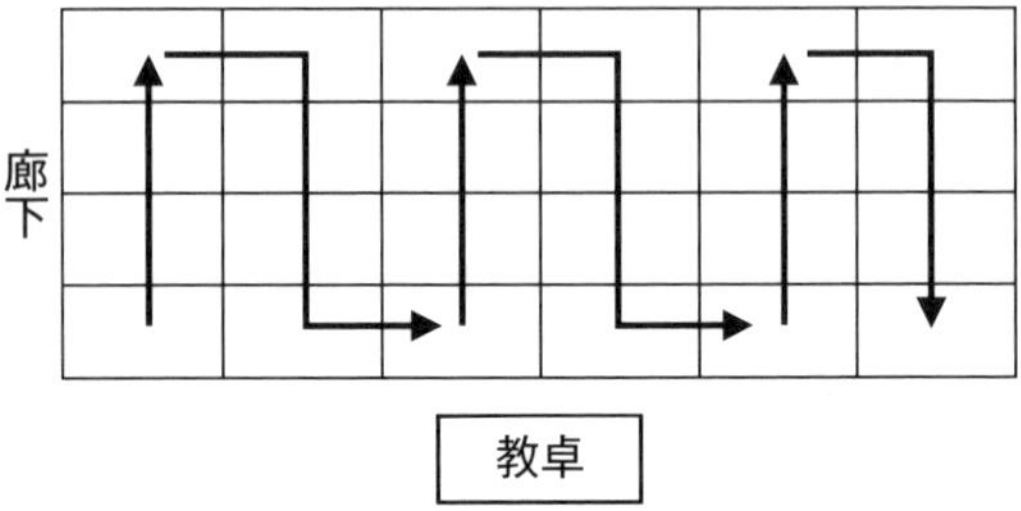

具体的には、上の図のような順番で音読をさせます。

「それでは授業の最初に『自然のかくし絵』を読んでもらいます。今日は、1人一文ずつ読みます。最初は廊下側の前に座っている○○さんから読んでもらいます。一番後ろの□□さんが読み終えたら、隣の△△さんが読んでくださいね」

「最後の人が読み終えたら、最初の人の順番に戻りますよ」

あらかじめ、読む順番を子どもたちと確認します（私は「へび読み」と呼び、くねくねと読むような順番にしていますが、学級の実態に応じて決めてください）。


題名と作者はセットにして、一文と同じ仲間として読ませます。

子どもが「自然のかくし絵　矢島稔」と音読し、その音読がよかった場合、

「マル！」

と端的に評価します。**次の人がリズムよく読めるように、長々と評価しないことがポイント**です。


「木のみきに……あります」

「よし！」

「セミやバッタは、……しています」

「二重丸！」

「まわりの色と……役立ちます」

「もっと大きく！」

子どもの声の大きさが小さかったり、はっきり読めていなかったりした場合も、端的な評価にとどめ、次の子どもの音読に移ります。やり直しについては、子どもの実態に応じてさせてもよいでしょう。ただし、**やり直して音読させた場合にも端的に評価し、子どもの伸びに応じたプラスの評価を与えましょう。**

「身を……役？……」

「役立つ（やくだつ）と読みます。読んでごらん」

読む練習をおろそかにしていた子どもは、漢字の読みがたどたどしくなります。そんなときは、**ふりがなを書かせて、もう一度読ませます。**そして「宿題の音読した？」と問い返します。それだけで十分です。

このように、一文で学級全員に音読させることで簡単な評価をすることができます。

全員の前で、どこか一文だけでも読まなくてはいけないという緊張感によって、音読練習にも身が入り、結果として音読が上手になっていきます。

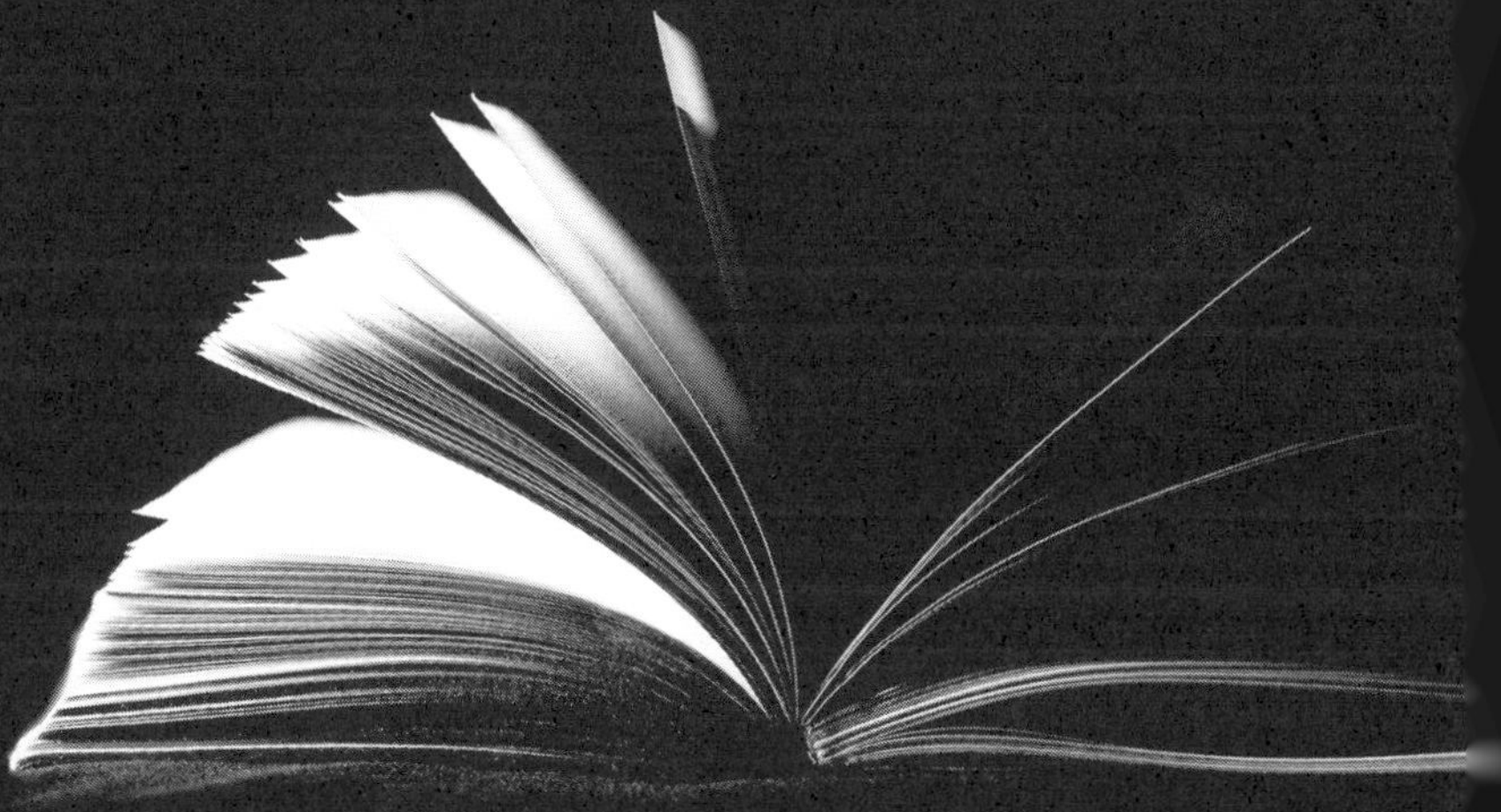

第6章 発表指導の技術

Chapter6

クイズ形式の範読で、発表への自信を高める（低学年）

「説明文は、文章が長いから嫌い！」

「読んでいるとだんだんわからなくなってくる…」

「何を書いているかわからない！」

こんな声が子どもたちから聞こえてくることはないでしょうか。

これでは、子どもたちは、進んでわかったことや考えたことを発表したいなどとは思わないでしょう。

そこで、クイズ形式の範読によって、子どもたちの発表に対する自信を高める方法を紹介したいと思います。

クイズ形式の範読で、発表への自信を高める（低学年）

事例解説『どう　やって　みを　まもるのかな』

『どう　やって　みを　まもるのかな』（1年）を例にとって説明します。

まずは、意味段落を1つ読むごとに、

「どうやって身を守るのかな？」

と聞きます。


はじめは発表の仕方自体を確認します。

「いろいろなやりかた～」

と語尾をのばす発言が必ずあるはずです。

そこで、

「『いろいろなやりかたです』と言いたかったのですね」

と少し強めに問い返し、笑顔で、

「もう一度言ってみましょう」

と促します。

丁寧な答え方は、繰り返し押さえておくことで、今後の発表の質が安定することにつながります。

そして、登場する動物ごとに読み進め、

「どうやって身を守るのかな？」

と問います。

「とげをたてて、みをまもります」

「うしろむきになって、とげをたてます」

と返ってきます。

そしてさらに、次の意味段落を読んだ後の問いでは、

「からだをまるめて、みをまもります」

「こうらだけをみせて、じっとします」

とテンポよく答えが返ってき始めます。

このころにはもう、どんどん先が読みたくて、聞きたくて、うずうずし始め、

「もうわかったよ。すかんくは、しるをとばしてみをまもるんでしょ！」

と先に問い（「どうやって身を守るのかな？」）の答えを言ってしまう子も出てきます。

ここは、

「すごいね！　先生に○○さんのやる気が伝わってきます！」

とほめます。このやりとりが、まわりの子どもたちの発表意欲を高めることにつながるからです。

発表を活発にさせるためには、「考えてみたい」「読んでみたい」「伝えてみたい」など、子どもたちのやる気を十分に高める工夫が欠かせません。

「でも、次の問いは少し違いますよ」

と発表意欲をくすぐります。

そして、すかんくの部分を読んだ後、

「『なにで』身を守るのかな?」

と問います。

「なにで?」

難しく考える子もいます。でも、簡単です。文章をもう一度読み返す子どもが出てきます。この子たちにも、

「すごいね! 自分で確かめてみると発表するときの自信になりますすね」

と言葉をかけ、すばらしい姿として、まわりに印象づけます。

さて、問いに対する答えは、

「くさいしるです」

「さかだちです」

と出てくると思います。

「ところで、やまあらしやあるまじろは、なにで身を守るのかな?」

という問いを出し、

「今度は、ノートに書いてみましょう」

と伝え、全員が自分の考えを準備し発表に備えることができるようにします。書いて準備しようとすることで、考えも整理されていきます。

このように、クイズ形式の範読を使うと、楽しく主体的に文章にかかわりながら自分の考えをまとめ、発表につなげていけるということがわかっていただけたと思います。

この方法は、中学年や高学年でも使うことができます。そのときは、低学年で使った教材を使ってみるとよいと思います。短い時間で、発言や発表に自信がついてくるはずです。

説明カードづくりで発表に自信をつけさせる

「発表は苦手」という子を、どうにか発表好きにしたいと思いませんか？

こういった子どもは、

「どう考えていいかわからない」

「先生にすぐに直されるから嫌」

などなど、以前、きっとがんばろうとしたけれども、途中でくじけてしまったという経験があるように思います。

このような子どもには、何をどのように読み取ればよいのかということを指導したいものです。

そこで、発表を「書く」ということに重点を置いて取り組む「説明カードづくり」という方法を紹介します。

キーワードは、**「書いて考えを整理する」**です。

書くときには、わかったことや考えたことをタイトル（小見出し）に沿って選んだり、書き加えたりしながら整理していきます。そうすることで、「何を」「どのように」伝えれば、思いや考えがわかりやすく伝わるのかということをはっきりさせることができます。

そして、読んだり、聞いてもらったりすることで、発表のおもしろさに触れてさせていきます。

事例解説『じどう車くらべ』

ここでは、あえて、1年生の教材を使って事例の解説をします。

発表への自信を取り戻すためには、テンポよく、既習の教材で自信をつけるのが一番です。

また、1年生の場合は、教科書の文章に書かれていることを短くまとめて発表することがよくあります。「繰り返し、少しずつ」がポイントです。

『じどう車くらべ』（1年）を使って紹介します。書かれていることを短く書きまとめるとき、あらかじめ上のページのようなワークシート（説明カード）を作成しておきます。

すごいぞ！　トラック

ねん　くみ　なまえ（　　　）

① しごと

にもつをはこぶ

② つくり

ひろいにだいがある。
たいやがたくさんついている。

「バスや乗用車のすごいところを発表できますか?」

「……」

「いきなりは無理ですよね。でも、上手に発表できるようになりたい人?」

と問うと、ほとんどの子が元気よく手をあげます。

そこで、準備していたワークシートを子どもたちに配ります。

「このワークシートを使うと、少しだけ発表が上手になります」

とだけ言って、詳しい説明はせずに本文を教師が読み始めます。

読み始めてすぐに、

「先生、『しごと』と書いてあります」

と必ず気づく子が出てきます。

「じゃあ、ワークシートに書き留めておきますか。発表のときに使えるかもしれないですね。ところで、何て書き留めますか?」

「『人をのせてはこぶ』と書き留めます」

「そうですね。『人をのせてはこぶ』ことが書き留められるといいですね」

どんなことを書くのかということを念押ししておくことで、今まで発表が苦手だと思い込んできた子どもたちの半分は、少し自信をつけたり、取り戻したりします。

さらに、読み進めた後で、

「『つくり』は、わかりましたか？」

と問うと、

「座席のところが、広くつくられている」

と返してきます。


「では、カードを見ながら発表してください」

教師が見本を示すことはしません。1年生にしても上級生にしても挑戦してくれそうな子を指名します。

「バスや乗用車のすごいところを紹介します。バスや乗用車は、人を乗せて運びます。だから、外の景色が見えるよう、大きな窓がたくさんあります」

「気づいた？　○○さんは、カードに書き留めたことを丁寧な文章にして紹介していたよね。すごいね！」

ここでの価値づけがポイントです。

このように、小見出しつきのワークシートで説明カードをつくり、読み取ったことを自分の言葉で発表することで、自信が生まれます。

「次は、トラックのすごいところ、発表できそうですか？」

「バスのときもできたから、大丈夫！　もう1人でできます！」

読み聞かせと対話で発表資料の質を上げる

「先生、どんな資料をつくればいいですか？」

「今度もグラフや表を書けばいいですか？」

こういう子どもたちを、

「自分の思いや考えをよりわかりやすく相手に伝えるっておもしろい！」

「もっと他の資料がつくれれば…」

とやる気にさせてみたいと考えました。


そこで、発表資料の質を上げるために、説明的な文章の読み聞かせと対話を活用する方法を紹介します。

事例解説『どうぶつの　赤ちゃん』

ここで使った本は、『どうぶつの　赤ちゃん』（1年）や、写真絵本になっている『どうぶつの赤ちゃん』シリーズです。

ただし、1年生ではなく、上学年の子どもたちとの実践です。

「先生の読み聞かせは、動物の赤ちゃんについての発表だと思って聞いてください」

と伝えて授業を始めました。

「まずは、『ライオンの赤ちゃん』の発表をします」（一度目の読み聞かせ）

「もう一度発表しますが、この発表に足りないものはありませんか？」

と問うと、

「イラストや挿絵があった方がわかりやすいところがある」

と返ってきました。

「では、もう一度読むので、どんな挿絵がほしいか後で教えてください」

と言って、二度目の読み聞かせを行います。

読み終わり、近くの人と対話する時間を取りました。

すると、

「小さな赤ちゃんの写真かイラストがほしいなぁ」

「何だか不安そうに震えている赤ちゃんの写真もいいかも」

「猫のように鳴いてお母さんを探してそう」

といった声が聞こえてきました。


そこで、用意していた本の挿絵を見せました。

「やっぱり、これがあるとわかりやすい」

「でもちょっと違うかな」

「もう1枚くらいあったらわかりやすいな」

などなど元気に意見が出始めました。

「では、次の話題に行きます。1回読みますね」

と言った瞬間、

「次は、何枚ですか?」

と質問が出ました。

「○○さんなら何枚にするか教えてくださいね」

とすかさず返します。

全体の集中力が上がってきました。

読んだ後、子どもたちは議論を始めたので、また、しばらくそっと見守り、

「資料を決めるときは、隣の席や近くの席の人と相談したり一緒に考えたりするといいようですね」

と価値づけました。

「では、どんな挿絵を何枚くらい入れますか?」

「お母さんにくわえて運んでもらう様子は、わかりにくいから挿絵が必要です」

「赤ちゃんの成長の様子が比べてわかるような挿絵があるといいです」

などの意見が出ました。

調べたことやわかったこと、考えたことを基にして、聞く人の側に立って資料をつくることが大切であるという、この学習からわかったことを全体で確認しました。

このように、まずは簡単な内容で、一緒に考える機会を設定します。

そして、発表する側、それを聞く側としての自然な対話（議論）の機会を設定します。子どもたちの対話の様子から、教師自身にも気づかされることがあるはずです。

発表に失敗はありません。

発表は新しい発見につながる楽しいものだということを、授業を通して実感させていきたいものです。

第7章 話し合い指導の技術

Chapter 7

ペア対話を徹底的に活用する

話し合い活動で、一部の子どもだけが話をし、まわりの子はただうんうんと話を聞いている。ノートによい意見を書いているのに、グループや全体の場でなかなか発言しない子がいる。

このような状況では、十分に話し合いが機能しているとは言えません。このような状況を改善するのに有効な手立ての1つが、ペア対話です。すでに取り組んでいる方も多いと思いますが、このペア対話を徹底的に使っていくことで、話し合いの基礎力を向上させることができます。ペア対話には、次のようなよさがあります。

・準備に時間がかからない。
・一人ひとりの話す量が確保できる。

- ・参加人数が少ないので抵抗感が少ない。
- ・左右の人とのペア、前後の人とのペア、立って違う班の人とのペアなど、バリエーションを豊かに設定することができる。

つまりペア対話は、手軽に、気軽に取り組むことができる話し合い活動ということができます。

さらにペア対話は、グループでの話し合いを機能させるために必要な能力や態度を身につけるトレーニングの場としても有効です。**全体での話し合いやグループでの話し合いに抵抗感をもって、発言することができない子どもも、ペアで今話をしたことを紹介するという形なら発言できる場合があります。**また、ペア対話で自分の考えを表現したり、友だちの意見を聞いたりする中で、自分の考えが整理されるということもあります。そういった経験を積み重ねることで、話し合いに進んで取り組もうとする素地が築かれていきます。

さらに、ペア対話を通して、グループでの話し合いにおける有効な話し方・聞き方、時間の使い方を学んでいくこともできます。

事例解説

目的を明確にしたペア対話

ペア対話が便利だからといって、「隣の人と話しましょう」という指示では、何をどのように話せばよいのかわかりません。ペア対話には、いろいろな機能があるので、**活動の目的を意識して話し合いができるような指示を出しましょう。**


確認…本文の段落が、どのように分けられるのかペアで確認しましょう。

共有…自分の考えたことを、友だちに紹介して、感想を聞きましょう。

拡散…筆者は……と言っていますが、この具体例を2人で5つ以上出しましょう。

合意…筆者が最も伝えたいことは、Aですか Bですか、2人で意見をまとめましょう。

全体での話し合いを支えるペア対話

「わかった人は手をあげてください」「できた人は手をあげてください」という指示では、一部の子どもしか話し合いに参加できません。全員が参加できるようにするために、

「2分後に発表をしてもらいます。それまでペア対話をして、2人の意見をまとめてください」

という指示をします。2分後、

「すでに話がまとまったペアは、考えを教えてください。**まだ話がまとまらないペアは、どんな意見とどんな意見が出ているのか教えてください**」

という指示で、全体での話し合いへの参加を促します。

話し合いの技術を身につけるペア対話

話し合いを効果的に進める技術はたくさんあります。例えば、

「今日は話し合いの中で、**『○ページの△行目を読んでもらってもいいですか。ありがとう。そこからわかるように…』**という言葉を使ってください」

という指示で、文章の根拠の示し方を学びます。

他にも、「もし～なら…」という言葉を使って例を出したり、資料を指さしながら話をしたりすることも大切です。その練習として、ペア対話を活用しましょう。

話し合いのよさを体験させる

「先生、○○くんが考えを話してくれません」

このように、話し合いで発言しない子どもがいたり、話し合いが停滞してみんなが黙り込んでいる場面を目にすることはないでしょうか。さらに、このことに対して「ちょっとまずいな」とか、「どうしたらよい話し合いができるのかな」という思いをもたずに、当然のように話し合わないという現象に遭遇したことはないでしょうか。

話し合い活動に取り組ませるうえでまず大切にしたいのは、**話し合う価値を子どもに理解させる**ということです。なぜ話し合うのか。話し合うことにどんなよさがあるのか。ここでは、確認・共有・拡散・合意という話し合いの機能に着目しながら、その価値を体感できる学習活動を紹介します。

事例解説

この学習は、大まかには次のような流れで進めていきます。

①授業を行う季節のイメージマップを（できれば屋外で）かく。
②話し合いを通して、イメージマップを広げる。
③イメージマップを基に、俳句を考える。
④俳句の表現を工夫する。
⑤グループで金賞一作品・銀賞一作品・銅賞二作品を選んで、選評を報告する。
⑥学習したことをふりかえる。

確認

まず、前述の学習の流れについて説明をします。その後、

「この学習の流れを説明できますか?」

と尋ねます。学級によって差はありますが、説明できないと答える子どももいます。そこ

で、**友だちとの確認を促し、再度同じことを尋ねます。**すると、先ほどより多くの子どもが説明できるようになっています。ここで、今行った確認の価値について説明します。

共有

個人で、イメージマップをかいた後に、隣の人やグループの人と見せ合う時間を取ります。そうすると、「私も同じの書いた」「だよね」「なるほどね」という子どもたちの声が聞こえてきます。

そこで、友だちと見せ合ってみてどんな気持ちだったかを尋ねます。うれしい気持ちになったり、驚いたり、安心したりと、いろいろな気づきが子どもたちから出されます。ここで、**子どもたちの意見を拾いながら共有することの価値を解説していきます。**

拡散

共有の話し合いが終わったら、友だちの考えをヒントに、もう一度イメージマップに新しい言葉を書き加えます。自分のイメージマップがうまく広がらない子には、**友だちにどんな視点でイメージマップを広げているかを質問したり、自分が書いた言葉の次につながる**

言葉を質問するように促します。

合意

広げたイメージマップを基に、それぞれ俳句を考え、時間を取って修辞法を取り入れた作品にします。４人のグループで、できあがった作品を持ち寄り、金賞・銀賞・銅賞を決めます。その際に、**選んだ理由も話し合って、それぞれの俳句に選評を書きます。**

このような話し合い活動を展開した後に、「話し合いを通してわかった・気づいた・考えたこと」というテーマでふりかえります。話し合いによって、安心したり、楽しかったり、うれしかったりしたエピソードが出てくることでしょう。そういった声を紹介しながら、話し合いの価値を子どもたちに伝えていくことができます。

また、このような「活動をふりかえって価値を確かめる」時間は、その後も繰り返していくことで効果が大きくなっていきます。子どもたちが、話し合いに対して意欲が低いと感じた際には、**話し合いの価値を子どもたちが理解できるように、「話し合い」そのものを子どもたちとふりかえってみてください。**

「相づち＋自分の考え＋質問」を基本形とする

「わたしは、～だと思います。教科書に□□と書いてあるところから、△△と考えたからです」
「ぼくは、～だと思います。教科書に□□と書いてあるところから、△△と考えたからです」
「わたしは、～だと思います。教科書に…」

このように、発表会のような話し合いになってしまっている様子を目にすることはないでしょうか。

このような話し合い場面が発生するのは、発問の仕方だけでなく、話し合い方の指導が不十分であることに起因する場合があります。

話し合いを活性化させ、その価値をより大きいものにするためには、「相づち＋自分の考え＋質問」で話すことを基本形として指導するとよいでしょう。

①相づち………受容
②自分の考え…発信
③質問…………交流、精査

話を聞いていなければ相づちは打てませんから、相づちを指導することで、話を聞いて受容することを促します。

自分の考えを発信することは、言うまでもなく話し合ううえで大切なことですが、そのときに根拠を明確にして話すことを必ず指導します。根拠は、国語授業の場合、多くが文章の叙述です。どの文章を基に、思考や判断をしたのかを述べるように指導します。

さらに、自分の考えを言いっぱなしにしてしまうと、発表会になります。話し合い活動は、集団での思考活動ですから、最後にみんなに質問をして、自分の意見を他者の視点から見直してもらうことを促します。

話し合い活動の個人としての目的は、考えを発表したり表明したりすることではなく、集団としての思考に貢献し、その報労としてよりよい考えを得ることです。この前提条件を教師が理解したうえで、話し合い活動を授業の中に取り入れるとよいでしょう。

また私は、話し合いにおいては、丁寧語を用いた言葉ではなく、普段の話し言葉で話してもよいと子どもたちに伝えています。確かに、敬体を用いた丁寧な言葉づかいで自分の考えを発信することは大切ですが、それは、場合によって話し合い活動の停滞を招いてしまいます。大人も、話し合いの内容によって丁寧語を用いる場合とそうでない場合を使い分けているはずです。さらに言えば、私は、丁寧な言葉づかいの会議では、普段の言葉づかいで話す会議より、自分の意見を述べることに抵抗を感じます。**丁寧な言葉づかいの指導は、それを第一のねらいとした別の授業を通してすればよい**ことです。日々の話し合いでは、普段の言葉で、意見の受発信と交流を促進することに一番の重点を置いて指導するとよいでしょう。

「相づち＋自分の考え＋質問」を基本形とする

事例解説

相づちの仕方の指導

相づちの基本は、次のような「あいうえお」で指導します。

友だちの言っていることが
わかったら……………あぁ～
いいと思ったら………いいね
自分と同じだったら…うんうん
自分と違ったら………えっ！
すごいと思ったら……お～

指導を始めてしばらくの間は、この5つを**教師の後に続けて声に出して読んで、相づちを習慣づけていきます。**相づちが習慣づいて、子どもが自然と使えるようになってきたら、その他の相づちも教えて指導していくとよいでしょう。

考えの伝え方の指導

考えの伝え方の基本として、一方的な言いっぱなしにしないための**「4つの『ここ』言葉」**を使って指導しています。

①**ここ読んで**
②**ここからわかるのは**
③**ここから考えたのは**
④**ここまで、いい？**

自分の考えの根拠になる叙述を友だちと共有するために、①の言葉を使ってその部分を友だちに音読してもらいます。

そして、②の言葉を使って、情報を整理します。

次に、③の言葉を使って自分の考えを伝えます。

この3つの言葉は、すべて使うと話が長くなるので、必要に応じた使い分けも、繰り返すことを通して学んでいきます。④の言葉は、話が少し長くなる場合に使います。

質問の仕方の指導

子ども同士の話し合いにおいて、「質問」がよく用いられるかどうかが、話し合いに深まりが生まれるかどうかのポイントになります。ここで言う「質問」とは、「聞こえなかったので、もう一度言ってください」というような、単にうまく伝わらなかったことを確かめるものではありません。意見を具体化したり、抽象化したり、他の視点から見直したりするための質問です。

具体から抽象へ
・一言で言うと？
・つまり、～っていうこと？
抽象から具体へ
・例えば？
他の視点から
・みんなはどう思う？
・他には？

上にいくつか例を紹介しますが、この例ではあげきれないくらい多くの種類の質問を身につけさせる必要があります。そのために、まず先生が**「問い返し」の技術**を身につけてください。その「問い返し」の技術を子どもたちも身につけることができれば、質問によって自分たちの手で学習を深める姿が増えていきます。

話し合いの技を1つずつ教え、繰り返し使わせる

話し合いの効果をより大きいものにするために、私たち教師は様々な工夫を考えます。しかし、教師が手を変え品を変えの工夫を施した授業をしても、その場きりの指導となってしまうのは、とてももったいないことです。その日の話し合い活動で用いた技を、次の話し合い活動で子ども自身が活用できるように指導しましょう。とは言っても、一度習ったことをすぐに身につけて活用するというのは簡単なことではありません。なので、技を1つずつ教え、何度も繰り返しながら、少しずつ使えるように指導していきます。子どもたちに教えたい話し合いの技には、例えば次のようなものがあります。

・相づちの技
・つなげる言葉の技

・具体化・抽象化する言葉の技
・数値、引用、資料を参照する言葉の技
・同意や確認を促す言葉の技
・質問の技
など

このような例を参考にして、学級の実態に応じて話し合いの技を指導します。また教師自身も、話し合いやファシリテーションの技術を学び、子どもたちに伝えていくことで、よりよい話し合いが学級の中で生まれるようになります。

このような技をはじめて指導するときにおすすめなのが、**話し合いの中の発言をノートに書く**というものです。振り返ることが難しい話し言葉も、こうすることで振り返って指導することができます。このように、技を1つずつ指導し、**短冊や掲示物として形を残しておきます。**そして、必要に応じて取り出して、繰り返し指導していくのです。

▼▼▼事例解説

相づちの技

相手の意見を判断しながら聞き、自分の考えに合った反応を返す技。相づちも、話を聞いて生じた心情によって使い分けるように指導します。

例　あぁ〜。
うんうん。
うぅん。
へぇ〜。
なるほどねぇ。

つなげる言葉の技

相づちの後に使う言葉で、自分の意見を相手により受け取ってもらいやすくする技。つなげる言葉にも、補足・同意・反論・提案など様々な種類のものがあります。

例　確かに、…。
だったら、…。
でも、…。
それより、…。

具体化・抽象化する言葉の技

つなぐ言葉の中でも、特に意識して使用させたいのが、具体化・抽象化する言葉です。具体化する言葉を使って、意見をより詳しく、わかりやすくします。また、抽象化する言葉を使って、意見を収束させて話し合いを進めます。

例　具体化
　例えば、…。
　もう少し詳しく説明すると…。
抽象化
　つまり、…。

ここまでの話をまとめると、…。

数値、引用、資料を参照する言葉の技

自分の意見に根拠をもたせたり、他の人の意見の根拠を確かめたりしながら話し合いを進めます。

例　ここに○○って書いてあるでしょ、…。
△ページの□行目読むと、…。
それ、どこに書いてあるの？

同意や確認を促す言葉の技

話し合いに全員を巻き込んだり、全員が参加できるようにしたりします。

例　〜は、…でしょ？　だから…。
〜って、…だと思わない？
ここまでわかった？　それでね…。

質問の技

不明なことについて質問をして確かめたり、参加者からの意見を引き出していく技（岩瀬直樹・ちょんせいこ『よくわかる学級ファシリテーション　かかわりスキル編』（解放出版社）に詳しい）。

例　…ってどういうこと？
…というと？
つまりどういうこと？

思考ツールで話し合いを可視化させる

「あれ、何の話していたんだっけ？」

「それ、さっき言ったんだけど…」

「で、結局どうするの？」

「あれ、さっき○○ちゃんどんな話してたんだっけ？」

…


話し言葉は、目に見えません。そのため、たとえ話し合いが活発になされた場合でも、記録には残りませんし、その場でどんな話し合いが行われたかということを記憶しておくことは大変困難です。教師が子どもの意見を板書に記録し、学級全体で話し合っているときはまだいいですが、子どもたち同士の話し合いではなおさらです。

グループで学習するときには特に、話し合いを記録させるようにしましょう。話し合いの効果をより大きくするためには、ただ記録するだけでなく、思考を整理したり、促進したりするための手立てが必要になります。

話し合いというのは、1つの現象です。個々の考えをわかり合うためには、**共通の「思考の枠組み」が必要で、そのフレームに当てはめながら思考を整理していくことで、他者の考えをより受け取りやすくなります。**例えば、多くの教師が授業を表現するために「指導案」という枠組みを用います。他の教師が指導案を読んで、授業の概要を理解することができるのは、その枠組みを共有しているからなのです。なので、話し合いに参加するメンバー全員が考えを共有するためには、ルールによって規定される、共通の枠組みが大きな役割を果たすのです。その手法には、KJ法やホワイトボード・ミーティング、ファシリテーション・グラフィックなど様々なものがあります。

ここでは、付箋とピラミッドチャートという思考ツールを用いた手法を紹介します。

事例解説『動物の体と気候』

『動物の体と気候』（5年）を例に、ピラミッドチャートを用いた授業展開を紹介していきます。

①文章に出てくる動物の名前を、付箋に書き出します。それぞれの動物は、筆者の考えを具体的に説明する事例の一つひとつとして紹介されています。話し合いを通して、抜けやもれがないように確かめます。

ホッキョクギツネ	フェネック	ゾウ

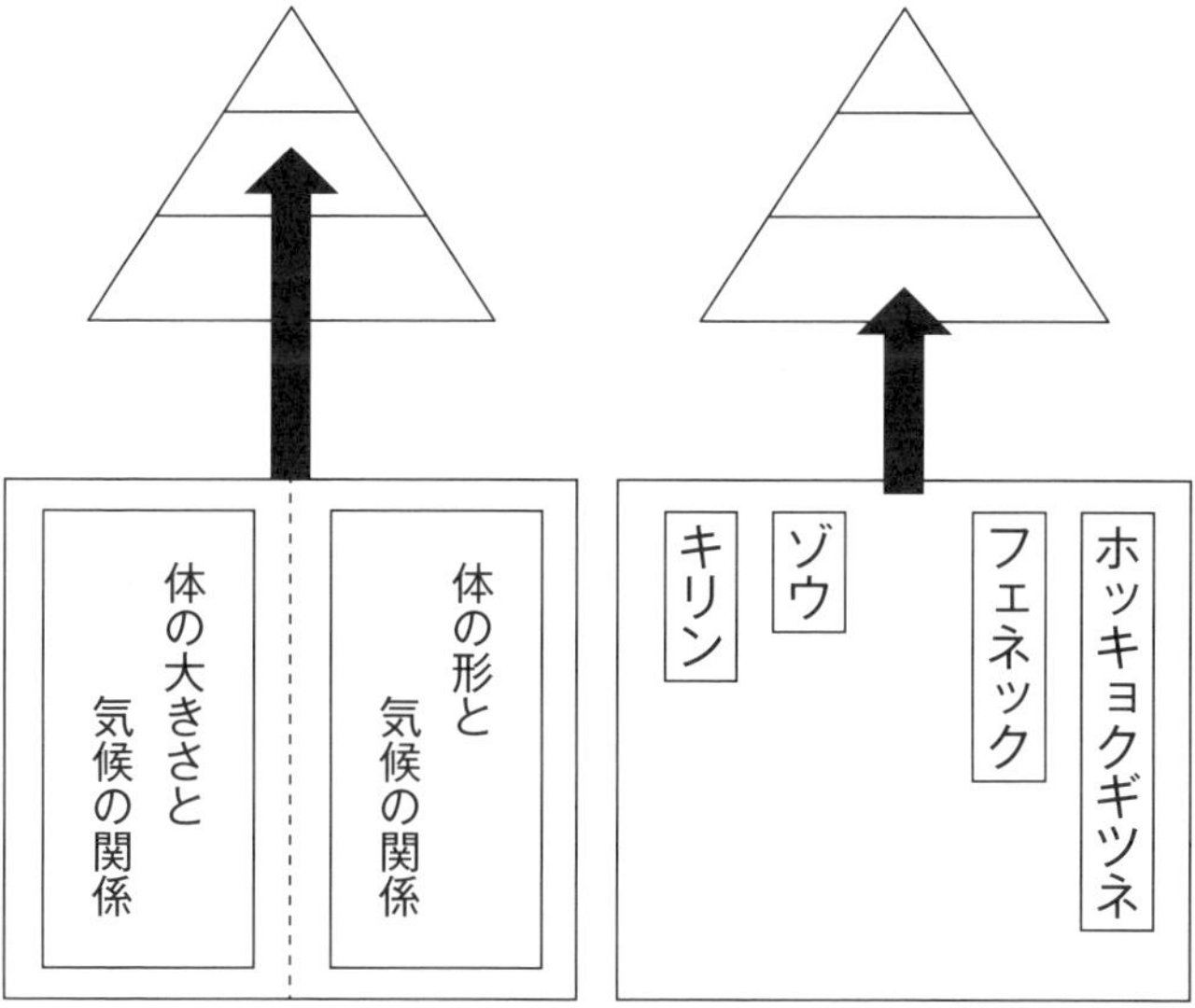

②ピラミッドチャートの一番下の段に、どんな体の特徴の事例として紹介されている動物なのか、話し合いながらグルーピングをして付箋を貼ります。

③②で分類したそれぞれのグループが、動物の体と気候のどのような関係を説明するための事例として紹介されているかを話し合い、「～と～の関係」という表現で真ん中の段に書きます。

④③で出された事柄をまとめて、一番上の段にこの説明文の要旨をまとめます。

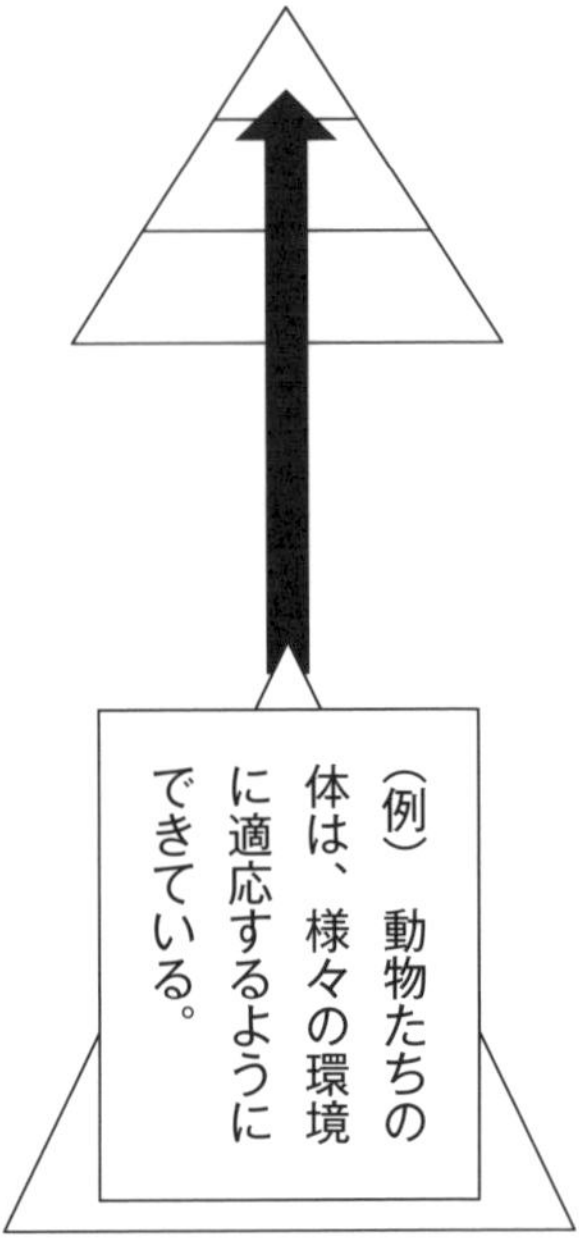
(例) 動物たちの
体は、様々の環境
に適応するように
できている。

⑤各グループが作成したピラミッドチャートを全体で検討し、学習をまとめます。

このような可視化ツールを用いることで、話し合いの手順をわかりやすくすることができます。また、**手順に沿って話し合うことで、考えを構造化することができることもこういったツールを活用するよさです。**

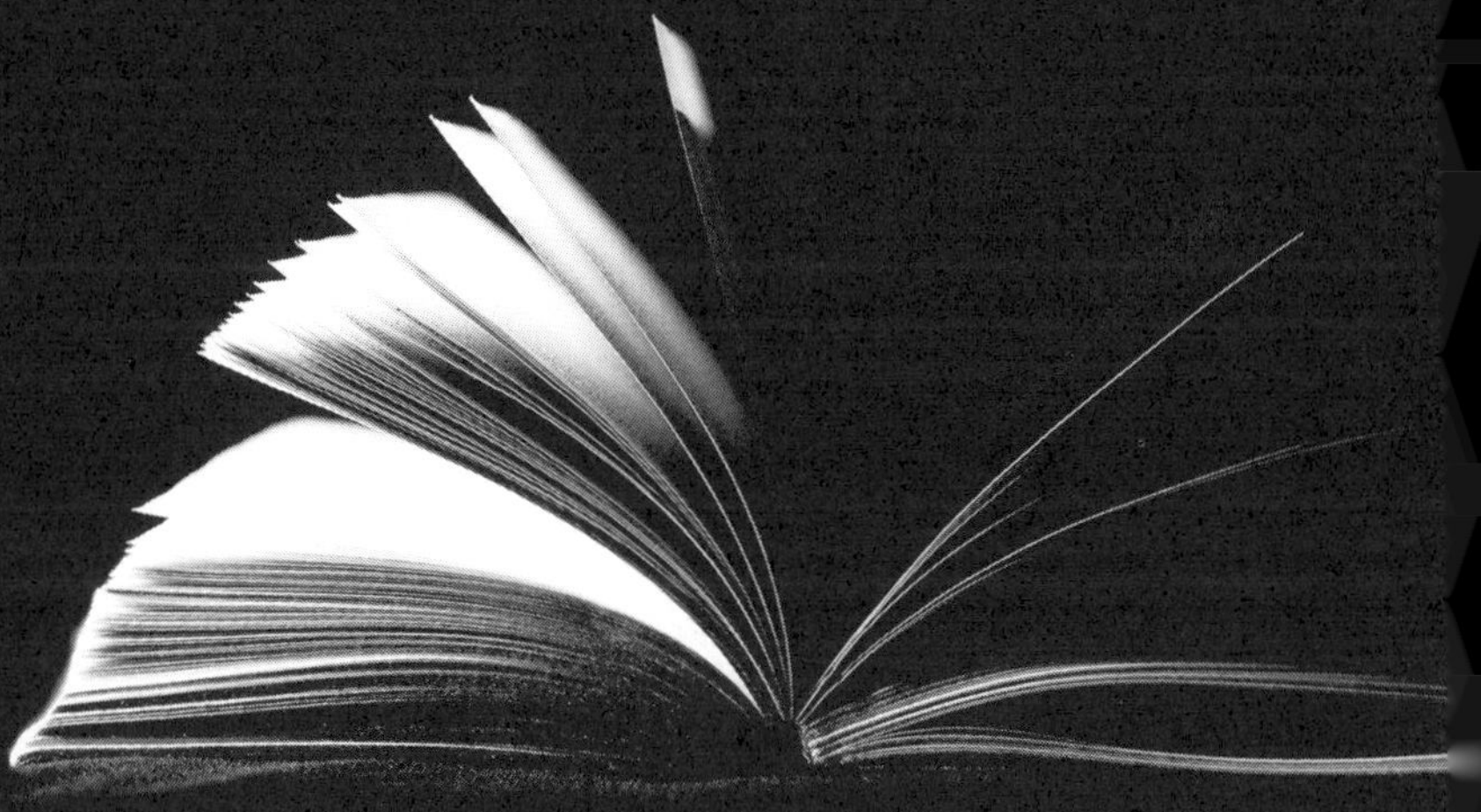

第8章 ノート指導の技術

Chapter8

単元のはじめとおわりの読みを刻ませる

説明文の学習にしても、物語文の学習にしても、単元の学習のはじめとおわりの読みが子どもたちの中で変容することをねらいます。ノートは、子どもたちが自分の読みを刻み、その変容を自覚させるよいアイテムです。

「初発の感想」を書くこともあります。単元学習後の感想と比較し、自分のもった感想の変容を確かめることができます。

ここで提案するのは、「感想」とは違って、「読み」です。

新たな説明文と出会ったときに書くのが、「出会いの読み」です。「出会いの読み」を書く観点は主に、

・構成（序論・本論・結論、意味段落、頭括型・尾括型・双括型など）
・表現の工夫

・事例のあげ方
・筆者の主張に対する自分の考え
・わからないこと、みんなで話し合ってみたいこと

などです。これらの観点を子どもたちに示し、仲間と読みを深める前の自分の読みを書きます。

この観点は、教材の特性や、子どもの実態、学年に合わせながら設定していくことになります。

単元の学習の最後にも、同じ観点で自分の読みをノートに刻みます。何度も読み込み、仲間の読みも知って、読み深めているので、その説明文を解説できるまでに詳しくなっています。そうして書いていくのが、「レベルアップした読み」です。教師は、ここで書けるようになってほしい内容を明確にイメージする必要があります。**単元の授業は、この「レベルアップした読み」を想定して展開していくことになります。**

１つの解説文のように書かせたり、観点ごとに小見出しを立てて書かせたりすることができます。

ノートは、子どもたちが自分の成長を記録し、自覚できる場所であってほしいと思って

います。単元のはじめと終わりに書いた文章を比較することによって、自身の成長を実感させられるようにしましょう。

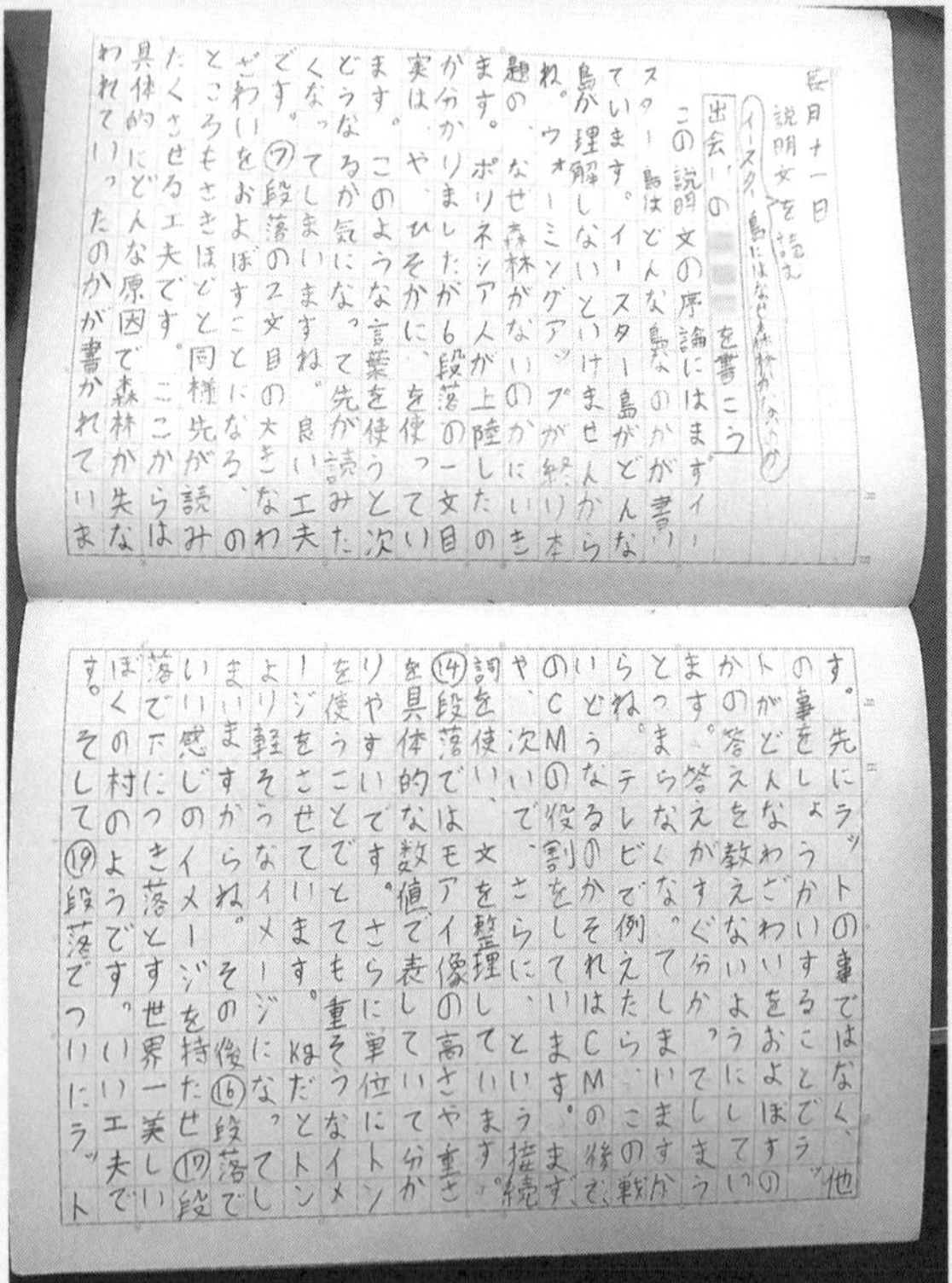
月十一日
説明文を読む
イースター島にはなぜ森林がないのか
出会いの　　　を書こう
この説明文の序論にはまずイー
スター島はどんな島なのかが書い
ています。イースター島がどんな
島か理解しないといけませんから
ね。ウォーミングアップが終わり本
題の、なぜ森林がないのかにいき
ます。ポリネシア人が上陸したの
が分かりましたが6段落の一文目
実は、や、ひそかに、を使ってい
ます。このような言葉を使うと次
どうなるか気になって先が読みた
くなってしまいますね"良い工夫
です。⑦段落の2文目の大きなわ
ざわいをおよぼすことになるの
ところもさきほどと同様先が読み
たくさせる工夫です。ここからは
具体的にどんな原因で森林が失な
われていったのかが書かれていま
す。先にラットの事ではなく、他
の事をしょうかいすることでラッ
トがどんなわざわいをおよぼすの
かの答えを教えないようにしてい
ます。答えがすぐ分かってしまう
とつまらなくなってしまいますか
らね。テレビで例えたらこの戦
いどうなるのかそれはCMの後で、
のCMの役割をしています。まず、
や、次いで、さらに、という接続
詞を使い、文を整理しています。
⑭段落ではモアイ像の高さや重さ
を具体的な数値で表していて分か
りやすいです。さらに単位にトン
を使うことでとても重そうなイメ
ージをさせています。kgだとトン
より軽そうなイメージになってし
まいますからね。その後⑯段落で
いい感じのイメージを持たせ⑰段
落で下につき落とす世界一美しい
ぼくの村のようです。いい工夫で
す。そして⑲段落でついにラット

「出会いの読み」の具体例

事例解説

まず、「出会いの読み」の場面です。

「はじめて読む説明文です。まずは音読しましょう」

子どもたちの実態に合った音読の方法で、内容をつかみます。

（たっぷり書く時間を取りたいときには、前もって音読する時間を確保しておきます）

「出会いの読みを書きます。これまでに学習してきた説明文の学習を思い出しながら書きましょう」

これまでに学習してきた説明文の読み方が、「出会いの読み」に生かされるように声をかけていきます。そうすることで、少しずつ自力で説明文を読む力がついていきます。

「出会いの読み」が書けた段階で、

「これから国語の時間に、みんなで話し合いながらたくさん読んで、最後にレベルアップした読みを書けるようにしようね」

と声をかけていきます。

次に、「レベルアップした読み」を書く場面です。

単元の最後に書かせます。

「これまでの授業で書いたノートを見て思い出しながら書きましょう」

と声をかけます。ノートの記録の役割を存分に発揮するときです。

「友だちの名前が出てくる文章になるといいですね」

とも声をかけるようにします。授業の中で、いいなと思った友だちの読みも文章に入れていきます。そうすることで、日々の授業の中で、友だちの意見をノートに書くことが習慣化していきます。

たっぷり時間を取り、書き終えたら、

「出会いの読みのページを開けましょう」

と指示を出し、自分の「出会いの読み」を確認させます。

「前はわからなかったことがわかるようになったね。みんなと勉強してきたからだね」

と単元の学びを締めくくります。

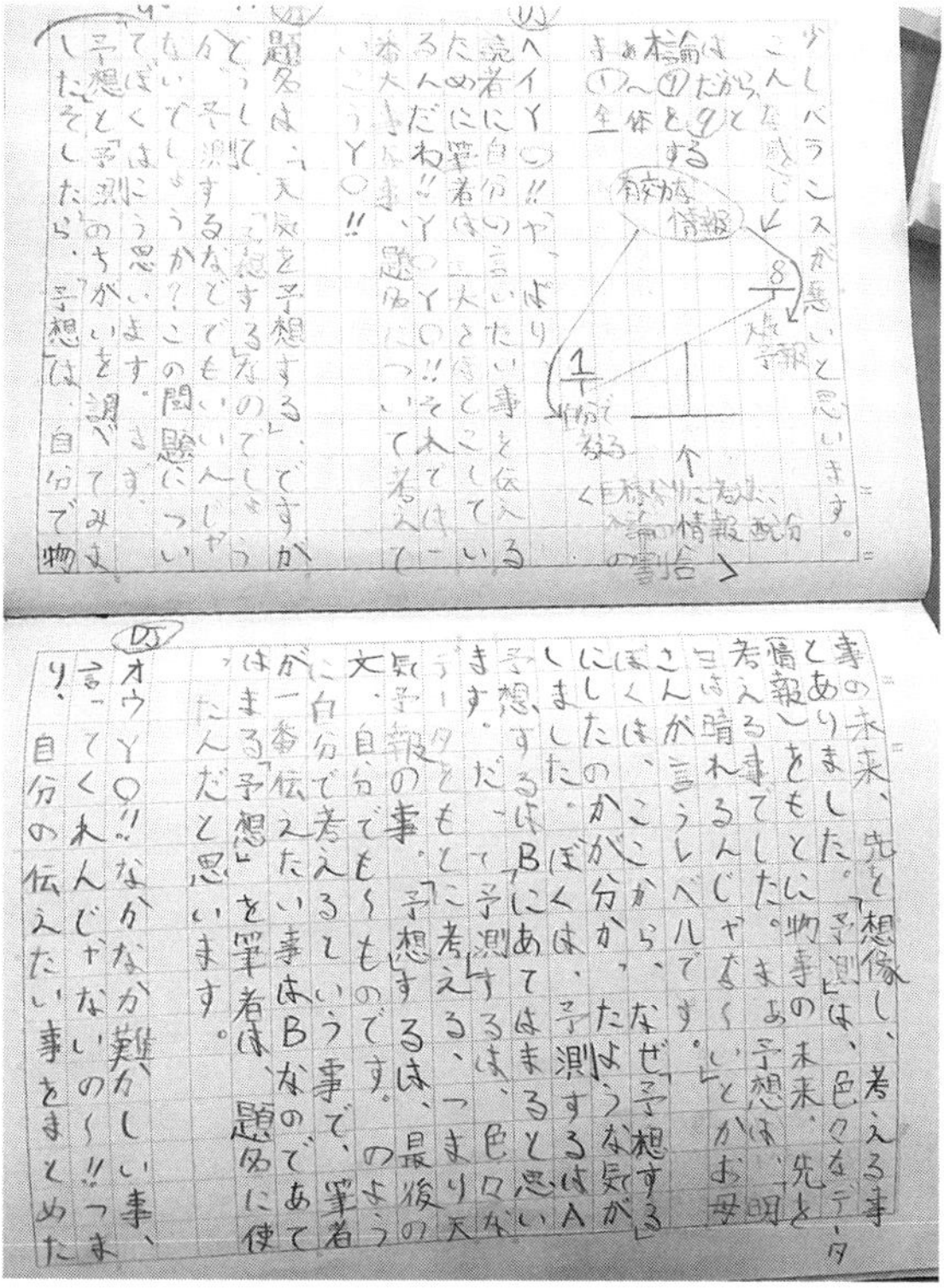

ここで終わってもよいのですが、**交流して仲間の読みの変容を知ることも有効な学習**です。ノートを机に広げ、自由に動いてノートを読みに行きます。ノートは自分の読みを刻むだけでなく、交流するためのメディアにもなります。音声による発表とともに意見を伝え合う手段としても積極的に活用したいものです。

ゴールが明確になるように
ノートを使わせる

黒板もノートも、授業の展開に沿って、右から左に流れていくことが多いのではないでしょうか。ノートの右側には課題、左側にはまとめや振り返りが書いてあります。しかし、必ずそうでなければならないわけではありません。

課題を書いた後に、ノートの一番左端に、まとめや振り返りの枠や、それらの書き出しのひと言を先に書いておきます。黒板も同様です。

例えば、

「意味段落とは…」とノートに書かせます。

そして、

「今日はこの続きを書けるようになるのがゴールだよ」

と、授業終了時の姿を明確にしておくのです。

他にも、対話の時間を多くとる授業展開だと、

「今日は自分がいいなと思った友だちの意見をふりかえりに書くようにしましょう」

と伝えて、「いいなと思ったのは、○○さんの意見です。なぜなら…」と書かせます。そうすることで、ノートの空いているところに友だちの考えをメモするようになっていきます。

また、教師側も、授業の最後にまとめることができずに、中途半端で終わってしまったということを、先にまとめを書いておくことで防ぎやすくなります。

しかし、ゴールがはっきりしてしまうことで、授業のわくわく感が減り、つまらなくなってしまうこともあります。その一時間の目標や展開に応じて、変えていく必要があります。

最後はどうまとめるのか、ノートはどこから書かせるのかを考えることは、授業展開そのものを考えることであると言ってよいでしょう。

事例解説

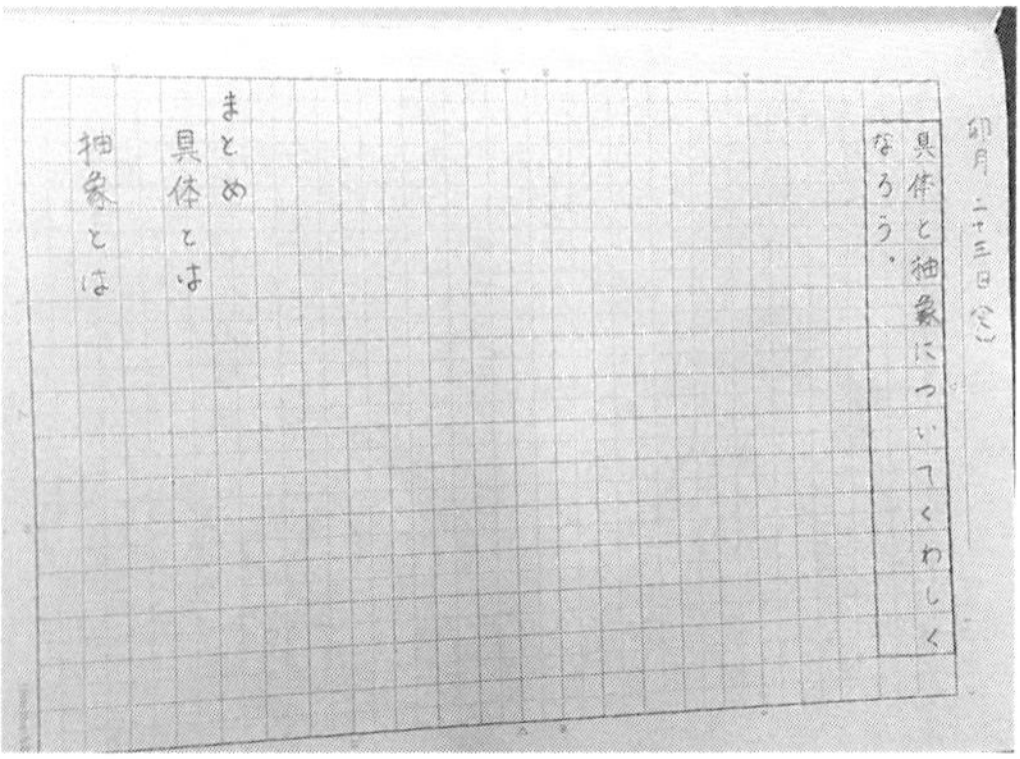

一年のはじめに、説明文の学習の基本になる、「具体と抽象」の学習を高学年でする場面です。

「今日は『具体と抽象』について学習します」

授業のはじめに、ノートの右側に、「具体と抽象についてくわしくなろう」と書かせます。

そして、

「次は、ノートの一番左側に、『具体とは』『抽象とは』と書いてください。今日は、この続きを、自分の言葉で書くことができるように学習していきましょう」

と伝えます。

その後、「りんご、さくらんぼ、いちご、つまり、赤

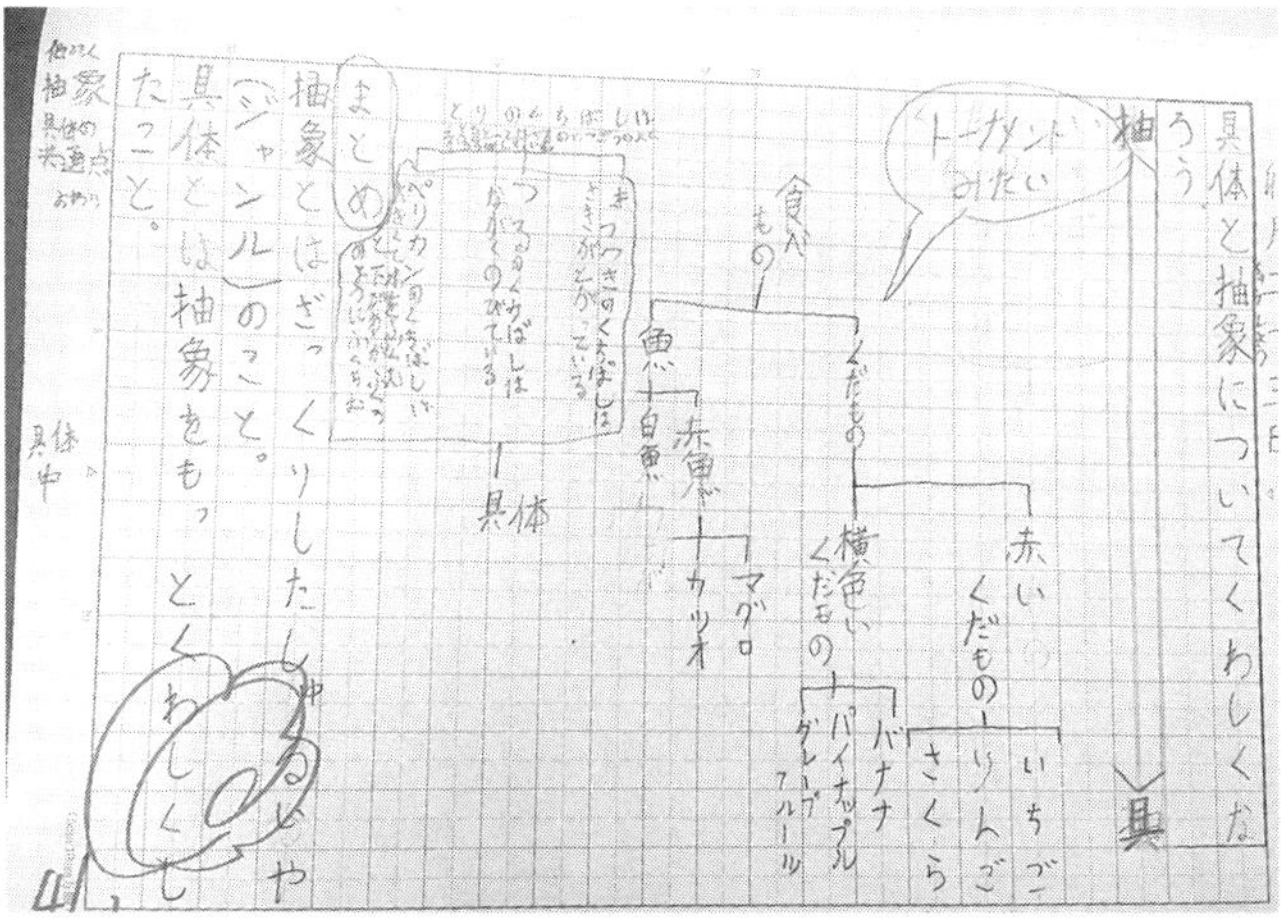

い果物」などと**言葉単位の具体と抽象の関係をクイズ形式で確認していきます。**その後、文単位で具体と抽象の関係を押さえていきます。

そして、『とりのくちばし』の説明文を読み、「この中にも具体と抽象の関係があるよね」と読み取っていきます。それをツリー図に整理してから、最後のまとめの場面です。それぞれの自分の言葉で、具体と抽象の関係について書いていきます。

図・表を使って整理し考えさせる

ノートに何かを書かせるときに、図や表を使って整理させることも取り入れていきましょう。

Xチャートやマトリックス表、レーダーチャートなどを使っていくとよいでしょう。

Xチャート

分類をするときに使います。例えば、各グループで話し合ったことを発表させます。子どもたちと一緒にその考え方を分類していきます。そして、各分類に「○○チーム」などのタイトルをつけて、まとめていきます。Xチャートを使い分類することで、それぞれの意見を比べる必然性が生まれます。また、タイトルをつけることで、共通点を見いだす力もついていきます。

マトリックス表

対比型の説明文で活用します。縦軸、横軸の観点を考え、表を完成させていくには、文章を読み直していく必要があります。

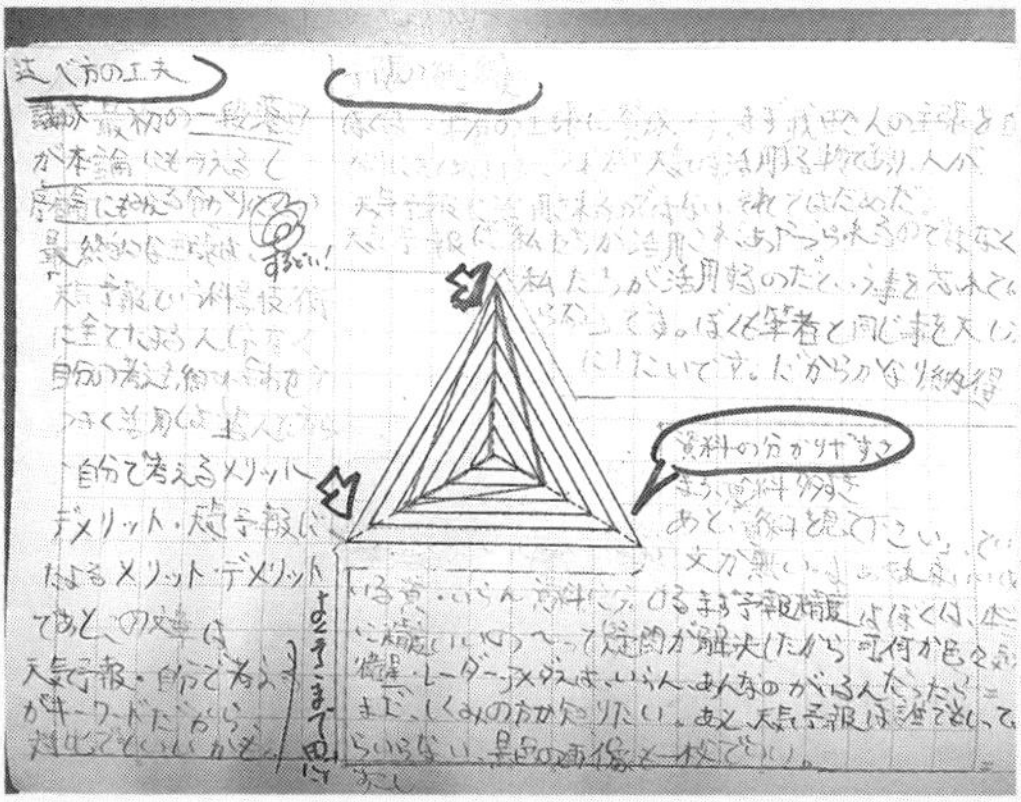

レーダーチャート

高学年になると、筆者の主張や述べ方（の工夫）に対して、自分はどう考えるのかという学習活動もしていきます。その際に、レーダーチャートを活用します。主張に対してどの程度納得しているのか・構成はわかりやすいか・事例のあげ方は妥当か・内容はおもしろかったか、などの観点を定めて、書いていきます。

ただ文章で書いて記録していくだけのノートから、図や表、思考ツールを使って、**考える必然性が生まれるノートにもしていきたいものです。**

事例解説『すがたをかえる大豆』

筆者の書き方の工夫を読み取る場面です。『すがたをかえる大豆』（3年）を通して、学習しました。

グループで筆者の書き方の工夫を探し、**1つの工夫ごとに1枚の紙にまとめます。**それを、黒板に貼って、分類していきます。

「各グループの考えで、似ているものはありますか？」

「これはどういうことか説明してみて？」

と声をかけながら、子どもたちと分類していきます。

「大豆の食べ方を、それぞれの段落で詳しく説明してくれているね」

「知らない人のために書いているのかな」

「子どもたちに食べてほしいからかな」

「事例をあげている順も工夫しているんじゃない？」

「3年生向けの説明文だから、わかりやすいものから書いてるんだと思う」

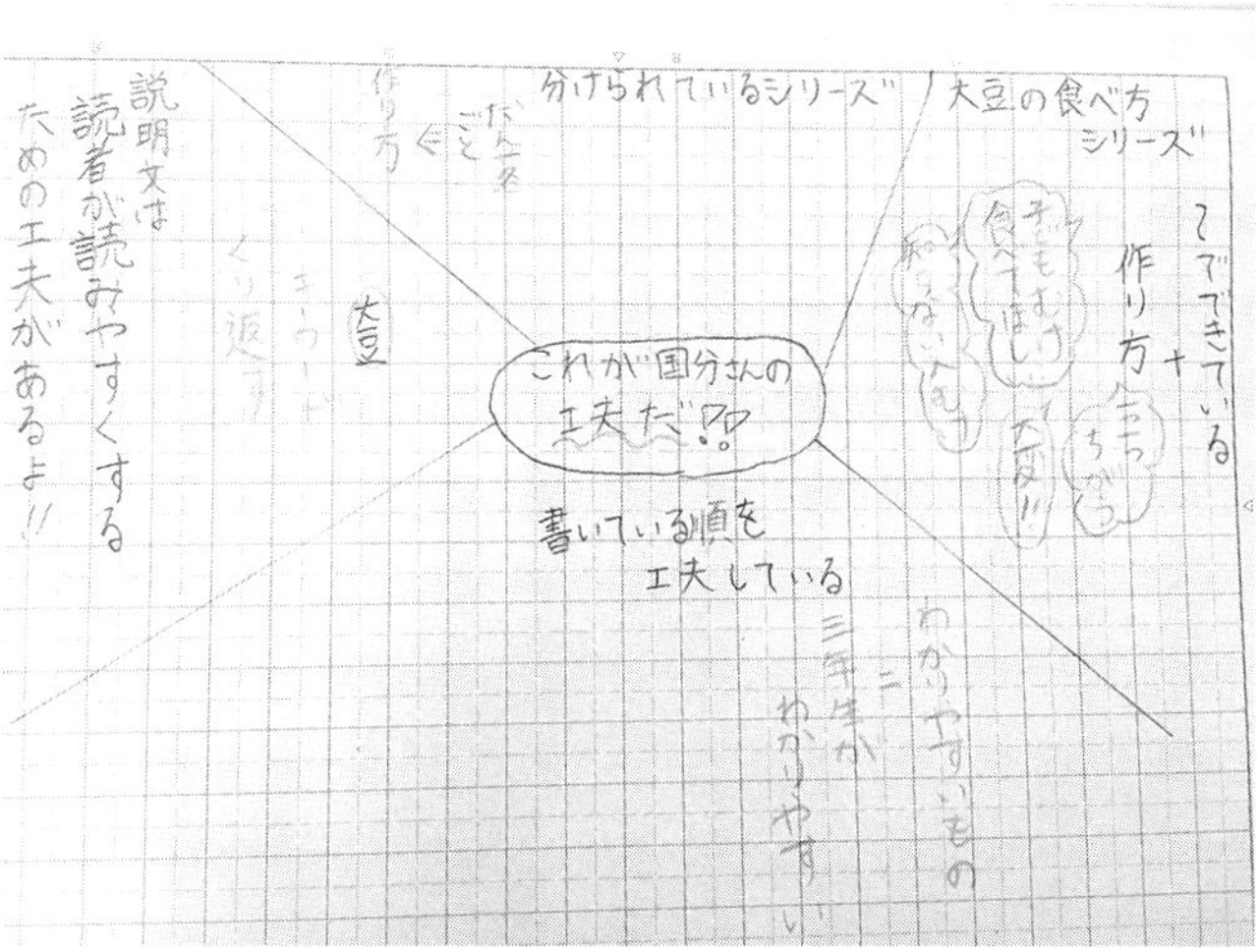

などとやり取りをしながら黒板に整理していきます。

子どもたちもノートに整理をする時間を取っていきます。

最後に、

「何で筆者はこんなにも工大して書いているのだと思いますか?」

と問います。

「読者のため!」

「読みやすくするため!」

「筆者の言いたいことがちゃんと伝わるようにしたいから」

と、まとめて終わります。

吹き出しで考える力を鍛える

「『言葉にできない』ことは、『考えていない』のと同じである」

梅田悟司さんの著書『「言葉にできる」は武器になる』の一節です。この著書の中で、「内なる言葉」「外に向かう言葉」について述べられています。「内なる言葉」とは、思考する際に使う、無自覚な言葉です。この「内なる言葉」に目を向けることが、伝える力につながるのだと述べられています。

人は言葉で思考します。そこで、ノートに「なるほど！」「自分と同じ！」「ほんとにそう?」「なんで?」など、考えるときに無自覚につぶやくようなことを書かせます。**考えるときにぼそぼそとつぶやく、無自覚な言葉を意識的に使うことで、考える力をつけていくのです。**こうして、ノートを記録しておく場所とともに、考える力を鍛えていくための場所にもしていきます。

授業中、次のような場面で吹き出しを書かせていきます。

空白の時間を埋める

黒板に先生が書いてくれるのを待ち、ただ写すのではなく、自分でどんどん吹き出しを書いていきます。これが習慣になると、空白の時間ができなくなります。「内なる言葉」で自分と対話していくのです。

友だちの考えに反応する

ノートに書いた友だちの考えに対して、吹き出しで「同じ！」「納得！」「本当に？」と反応し、吹き出しを通して、自分の考えと比較します。「内なる言葉」で、友だちと対話していきます。

「なんで？」を考える

ただノートに書き写すのではなく、「なんで？」も書いてよいのだと伝えておきます。すると、自然と理由を考えるくせがついていきます。「なんで？」を通して、課題と対話していくイメージです。

このようにして、吹き出しを通して、自分や友だち、課題と対話していきます。

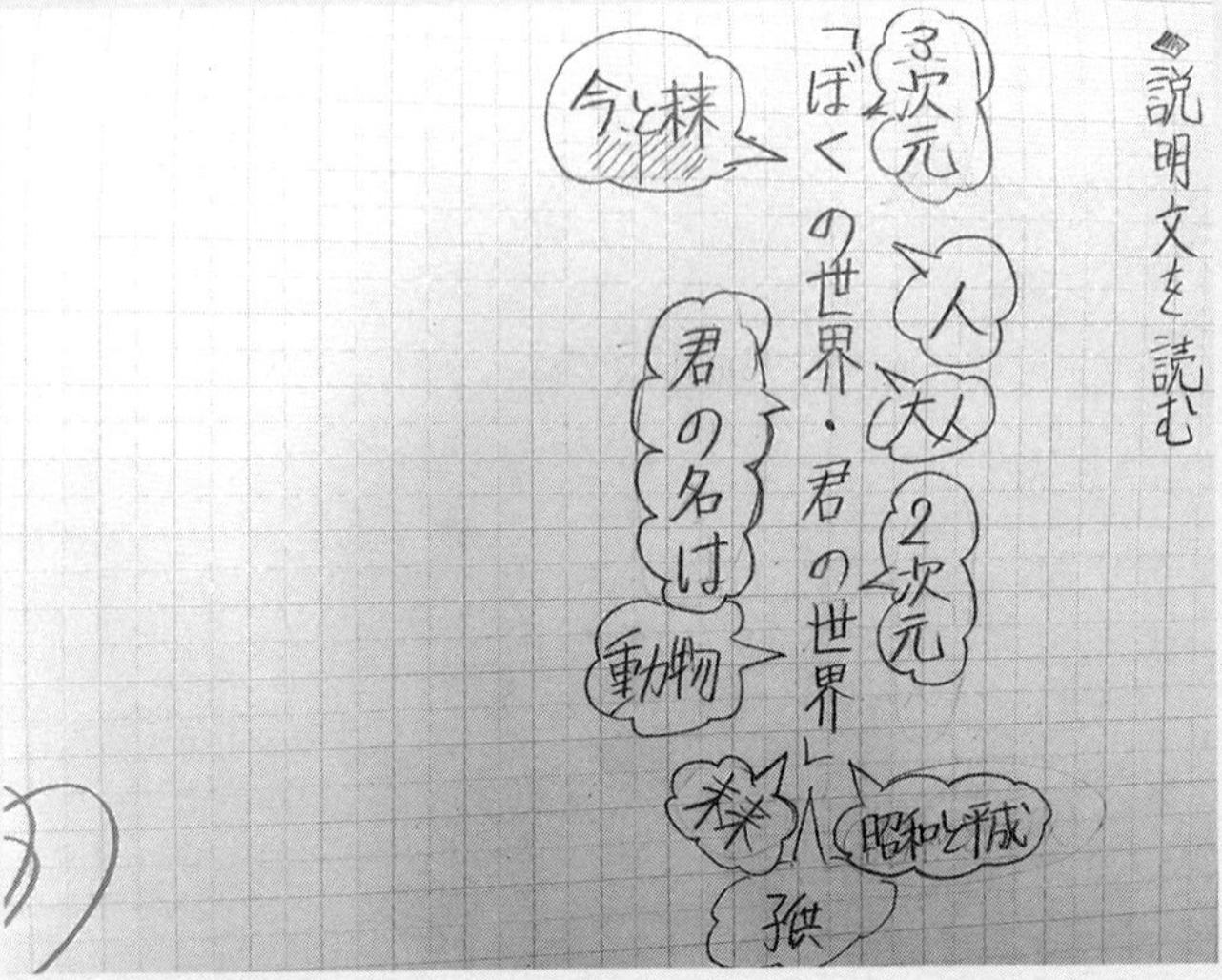

説明文の学習では、吹き出しを通して、筆者と対話していくこともできます。

「こんな構成の工夫を考えた筆者はすごい！」

などと、子どもたちは書いていきます。

また、「題名読み」の段階で、その説明文がどんな内容なのかを想像する際にも有効です。ノートの真ん中に題名を書き、吹き出しを書かせます。繰り返すことで、題名から内容を想像するという、読みの構えをつくることができます。

事例解説『すがたをかえる大豆』

『すがたをかえる大豆』（3年）の学習場面での吹き出しの活用です。本論と序論・結論のつながりを読んでいきます。

まず、本論だけを省いた文章を配付して音読します。ここにどんなことが述べられているのかを考えさせます。

考えるきっかけとして、

「どこの文がヒントになると思いますか？」

と問います。

序論や結論と本論の関係を捉えるのに、重要な文に着目させていくのです。

「『このように』のあと！」

「大豆はいろいろなすがたで食べられています」

「②段落のおいしく食べるくふうをしてきました」

などの意見がでます。

「では、それらの文から、本論にはどんなことが書かれていると予想できますか？」

と投げかけ、まず自分で考えて、ノートに書かせます。

その後、発表させていきます。

子どもたちには、友だちの考えをノートに書かせ、それに対してどんどん吹き出しを書かせていきます。

「大豆の料理の仕方を書いていると思う」

「かたい大豆は、そのままでは食べにくいって書いているから、やわらかくする方法が書いてあるんじゃない」

「いろいろなすがたで食べられています。だから、とうふとかについて書いているはず」

机間巡視をして、よい吹き出しを書いている子どもを見つけ、

「○○さんすごいね！　こんな吹き出し書いているよ」

と、広げていきます。

序論と結論に書かれていることとつなげていくと、本論に書かれていることを想像できることがわかってきます。こうやって説明文は具体と抽象の関係で述べられているのだという、読みの構えをつくります。

その後、本論の事例がどんな順序で述べられていくのかを考えさせていきます。

「他にどんな大豆をおいしく食べるくふうを知っているかな？」

「しょうゆ、みそ！」

とやりとりをしていきます。

そして、事例にあげられているものを、写真で黒板に掲示します。

「これらのくふうは、本論の中にどんな順

で登場すると思いますか?」
と問いかけます。
そうして、筆者の述べる内容だけでなく、述べ方にも意識を向けさせていきます。

第9章 評価の技術

Chapter 9

毎時のふりかえりを1枚の用紙に蓄積する

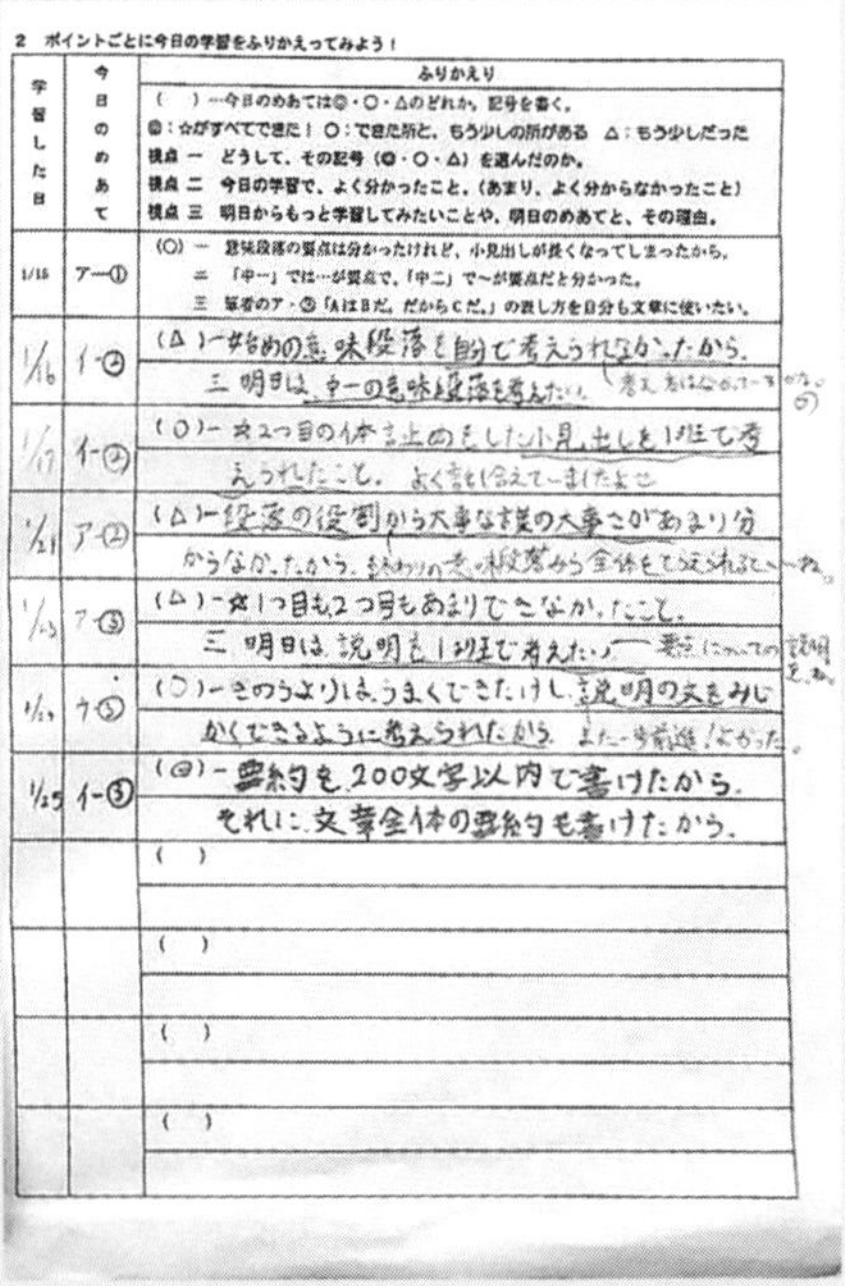

2　ポイントごとに今日の学習をふりかえってみよう！

学習した日	今日のめあて	ふりかえり
		（　）…今日のめあては◎・○・△のどれか、記号を書く。 ◎：☆がすべてできた！　○：できた所と、もう少しの所がある　△：もう少しだった 視点 一　どうして、その記号（◎・○・△）を選んだのか。 視点 二　今日の学習で、よく分かったこと。（あまり、よく分からなかったこと） 視点 三　明日からもっと学習してみたいことや、明日のめあてと、その理由。
1/15	ア—①	（○）一　意味段落の要点は分かったけれど、小見出しが長くなってしまったから。 二　「中一」では…が要点で、「中二」で～が要点だと分かった。 三　筆者のア・③「AはBだ、だからCだ。」の表し方を自分も文章に使いたい。
1/16	イ-②	（△）一始めの意味段落を自分で考えられなかったから。 三 明日は、中一の意味段落を考えたい。
1/17	イ-②	（○）一 ☆2つ目の体言止めをした小見出しを1班で考えられたこと。
1/21	ア-②	（△）一段落の役割から大事な言葉の大事さがあまり分からなかったから。
1/23	ア-③	（△）一☆1つ目も2つ目もあまりできなかったこと。 三 明日は、説明を1班で考えたい。
1/24	ウ-②	（○）一きのうよりはうまくできたけし、説明の文をみじかくできるように考えられたから。
1/25	イ-③	（◎）一要約を、200文字以内で書けたから。 それに、文章全体の要約も書けたから。
		（　）
		（　）
		（　）
		（　）

授業終了時刻3分前の教師の言葉です。

「では、今日の学習をふりかえってみましょう。今日のめあては、どのくらい達成できたでしょうか。よくわかったことや、あまりよくわからなかったことはありましたか？　明日、もっと学習してみたいことがあったら書きましょう」

このようにして、授業の終末に

ふりかえりを書かせることがあります。その日のノートのページに書いて提出させると、子どもが本時にどのような学びをしたのか、教師はひと目でわかると思います。

しかし、ここでおすすめするのは、前ページの写真のように、**子どものノートとは別に、ふりかえりを書く1枚の用紙を用意し、蓄積していくという方法**です。

これは、**子どもが単元の学習を通じて、自分自身が変容していることに気づいてほしいから**です。

この表には、まず、学習した日と今日のめあてを記入します。

そして、ふりかえりとして、今日のめあての達成状況を◎、○、△のいずれかで記入します。

さらに、以下の視点一〜三の中から自分で選んで、具体的なふりかえりを書きます。

視点一…どうして、その記号（◎・○・△）を選んだのか。
視点二…今日の学習で、よくわかったこと（あまり、よくわからなかったこと）
視点三…明日からもっと学習してみたいことや、明日のめあてと、その理由。

毎時間のふりかえりを上から読んでいくと、単元のはじめのころは△の自己評価とともに、「○○ができなかったから」といった理由づけが目立ちますが、単元の後半になると、○や◎の自己評価が増えてきて、理由づけもより具体的になっていっていることがわかります。

また、子どものふりかえりに対して、教師が赤ペンでコメントをしていますが、子どもの毎時間の自己評価が具体的であるために評価しやすいのはもちろん、子どもが教師からのコメントを受けて学習のめあてや取組を変容させていっている様子もわかりやすくなります。

このように、ノートとは別にふりかえりを1枚の用紙に蓄積していくことで、単元を通した子どもの変容を可視化することができます。

事例解説

1月16日
学習活動　各段落の小見出しをつける（始め～中）
めあて　段落の役割から、大事な言葉がわかる。
ふりかえり（○）　めあて通りにできた。小見出しを考えるのがむずかしかった。
教師のコメント　小見出しはいくつかの大事な言葉を合わせてつけましょう。

1月17日
学習活動　各段落の小見出しをつける（中～終わり）
めあて　他の小見出しを基によりよい小見出しにする。
ふりかえり（◎）　みんなと小見出しを考えられた。明日も「◎」を目指します！
教師のコメント　よりよい小見出しにしていこう！

1月24日
学習活動　意味段落の要約文をまとめる（中）
めあて　説明文の内容から考えたことを進んで伝えようとする。
ふりかえり（◎）　めあて通りにできた。自分と、○○さんと説明を考えた。明日も「◎」をめざしたいです！
教師のコメント　進んで伝え合うことができると気持ちがいいですね！

1月25日
学習活動　説明文全体の要約文を書く
めあて　小見出しの言葉を使って、百二十～二百文字以内で要約する。
ふりかえり（○）　最後らへんのときに、十六文字でうめないといけなくて、でも、なんとかうまったのでよかったです。それと、色々けずれたからよかったと思いました。
教師のコメント　めあての文字数を守って内容をまとめることができましたね！

小見出しをつくる際に、「意味段落の大事な言葉が必要だ」という意識で学び、要約文を書く際には、小見出しをうまく使って内容全体を押さえることに成功したA児のふりかえりです。

一緒にグループ学習をした友だちの名前をあげながら、協力して学べたこともうれしそうに記述しています。教師のコメントでは、こうした主体的に学習に取り組む態度のよさも認めています。

1月16日
学習活動　各段落の小見出しをつける（始め〜中）
めあて　意味段落の大事な言葉が入った小見出しをつける
ふりかえり（△）　小見出しはできたけど、文字数をへらしたい。次は、文字数をへらしたい。
教師のコメント　大事な言葉は外さないようにしましょう。

1月17日
学習活動　各段落の小見出しをつける（中〜終わり）
めあて　他の小見出しをもとによりよい小見出しにする。
ふりかえり（△）　やっぱり文字数が多くなっちゃうから、大変。
教師のコメント　けずるのがむずかしい…そういうことって、ありますよね。

1月24日
学習活動　意味段落の要約文をまとめる（中）
めあて　説明文の内容から考えたことを進んで伝え合おうとする。
ふりかえり（◯）　短くまとめることができたからよかった。
教師のコメント　グッド！　いい線行ってますよ！

毎時間のめあてが適切で、自分に何が足りないのかをふりかえり、次の時間にチャレンジできるB児。教師のコメントに具体的なヒントはあえてあまり出さず、その適切な学びの態度に共感したり、励ましたりすることを意識して記述しました。

B児は、日を追うごとに要約文を書きまとめる力が上達し、グループ学習の中で、コツをつかんでいきました。1月25日には「ぼくは今日うまくいったと思います」というふりかえりで、本単元を締めくくりました。

このように、ふりかえり用紙を用意し、記述を蓄積していくことで、子どもの変容が可視化されるようになり、教師はコメントを通して成長を促したり、寄り添ったりすることができます。

子どもの実態や自己評価に応じて教師のコメントを使い分ける

説明文の学習で、本時のめあてに対するふりかえりを書いて提出させたとします。さて、教師は子どものふりかえりに対して、どのようなコメントをすればよいでしょうか。

私は、①～⑤のいずれかを子どもの実態に合わせて行っています。

①子どもの学びに向かう努力に対する承認
②子どもの困り感に対する支援（アドバイス）
③他の子どもとの情報伝達のきっかけづくり
④子どものめあて意識の修正
⑤子どもの自己評価に対する助言

①～⑤のいずれの場合も、コメントを読んだ子どもの明日の学習につながるように願って、一文～二文程度で書くようにします。あまり長く書くと、書く教師も読む子どもも大変です。**子ども一人ひとりについて毎日一行日記を書く感覚だと無理なく続けられます。**クラス全員分のコメントを15分程度、どんなに長くても30分程度では終えられるようにします。

また、出張等で15分すら確保できない日もあるでしょう。そういう日は、ふりかえりに対するコメントをやめて、スタンプやサインのみにしましょう。「大変だな…」「書く余裕がない…」などと思いながら書かれたコメントは、子どもも読んでもうれしくないはずです。

とは言え、多くの子どもが教師のコメントをとても楽しみにしています。普段は全員の中の自分、でしかないのに、コメントを読む時間は、必ず教師と自分の一対一になれるからです。実際、年に数回国語の学習アンケートをとると、毎回ほぼ全員が「先生からのコメントを読むのが楽しみだ」という回答をしています。

そこで、子どもの実態や自己評価に応じた教師のコメントの具体を、次ページからの事例解説で探ってみたいと思います。

▼▼▼事例解説

①子どもの学びに向かう努力に対する承認

めあて　意味段落の大事な言葉が入った小見出しをつける。
ふりかえり　小見出しになる言葉、２つ見つけられた！　明日は小見出しを班の人と調べる。
教師のコメント　よかったです！

「え、これだけ？」という声が聞こえてきそうですが、これだけで十分です。

対象児童（以下Ａ児）は、実際に大事な言葉が入った小見出しを見つけられていて、明日の学習に向けて、何をすればよいのかもわかっていました。ですから、**自ら決めためあてを達成した状況にあるので、そのことをシンプルに承認すればよい**のです。

Ａ児は翌日も意欲的に学習を進めて自分のめあてを達成し、以下のようなふりかえりを書きました。

> たった十文字で小見出しをつくれた！　明日のめあては百二十～二百文字で要約すること！

②子どもの困り感に対する支援（アドバイス）

> めあて　意味段落の大事な言葉が入った小見出しをつける。
> ふりかえり　めあてが達成できませんでした。あと、ぜんぜん書けませんでした。
> 教師のコメント　むずかしそうでしたね…。作戦を変えます。

子どもの様子を見ていると、意味段落の小見出しを使った要約文づくりに苦労していました。対象児童（以下B児）だけでなく、大半の子どもが苦労していて、少数の子どもに頼り切っている状況にありました。

そこで、**次時以降、要約文づくりのハードルを少し下げ、小見出しを使った要点の一文を全体で押さえたうえで要約文づくりを行わせることにしました。**すると、B児を始め、多くの子どもがその日のめあてを達成し、満足感を味わいながらふりかえりを書くことになりました。

> 前回は全然書けなかったけど、今回は四十六文字で書けました。

③他の子どもとの情報伝達のきっかけづくり

> めあて　意味段落の大事な言葉が入った小見出しをつける。
> ふりかえり　大事な言葉はわかったけど、小見出しが書けなかった。
> 教師のコメント　みなさん、ここでなやみがちです。友だちと相談してみよう。

小見出しをつくるとき、意味段落の大事な言葉を押さえて書くことができた対象児童

（以下C児）。あと一歩のところで悩んだ本時でした。**教師が安易に「小見出しは○○です」と言うのではなく、子ども同士の対話の中で納得できる小見出しをつくり出してほしいもの**です。C児だけでなく、多くの子どもがぶつかるこうした壁を、対話を通して解決できるように励ましたコメントです。

3日後の授業の後、C児は以下のようなふりかえりを書きました。

> 要約は小見出しをもとにつくることがわかった。

④子どものめあて意識の修正

> めあて　他の小見出しをもとによりよい小見出しにする。
> ふりかえり　時間がなくてやばいと思っていたけれど、できてよかったです。
> 教師のコメント　今回は「せつび」のことがなかったので、次回は気をつけましょう。

対象児童（以下D児）は、小見出しづくりが時間以内にできたことを喜び、ふりかえりに書いていています。確かに、時間を守るのは価値のあることです。しかし、D児のめあては、他の小見出し（他の子どもが考えた小見出し）を基に自分の考えた小見出しをよりよいものにする、というものです。D児の小見出しに、大事な言葉（「せつび」）が加えられると、さらによいものになる状況でした。そこで、**D児が他の子どもの考えを基によりよい小見出しをつくれるようになることを願ってコメントしました。**

⑤子どもの自己評価に対する助言

めあて　段落の役割から、大事な言葉の大事さがわかる。
ふりかえり（△）小見出しの大事さが自分で見つけられた。
教師のコメント　これはうれしいね！　それなのに、どうして「△」をつけたの？

意味段落「始め」「中」「終わり」には役割があり、「始め…筆者の問い」「中…説明」「終わり…まとめ・筆者の考え」などが書かれる、という知識を基に、小見出しをつくる学習をした日の対象児童（以下E児）のふりかえりです。

自己評価が△（できなかった、の意味）とありますが、小見出しの大事さを自分で見つけた、とも書いています。実際、E児はグループ学習の中でよく発言をし、妥当な小見出しを書きました。学びが深まったからこそ、子どもの中での評価規準が高くなり、自分の出来栄えが「まだまだだな」と思えたのかもしれません。このような自己評価をする子は、向上心にあふれた、意欲的な態度である場合がほとんどです。

コメントを書いた後にE児を呼んで話を聞いたところ、「見つけるのに時間がかかったから、もっと早く見つけたかった」とのことでした。高い意識のE児を大いにほめ称えたのは言うまでもありません。

このように、**教師のコメントは子どもとのコミュニケーション・ツールにもなる**のです。

本時のめあてを子どもに明確につかませる

「今日は、３段落～８段落の要約をしましょう」
「はい」
「今日は、９段落～12段落の要約をしましょう」
「はい」

授業の導入で、教師が本時の学習活動を示して子どもに取り組ませる授業を見かけることがないでしょうか。まるで、学習活動そのものがめあてであるかのような、「学習活動＝めあて」の図式です。この図式が定着してしまうと、何のために学習するのか、どのような力をつければよいのか、といったことを子どもが（教師も）考えなくなってしまいます。

こうした状況が生まれてしまうのは、教師が単元や本時のめあてを、子どもがわかる言葉にして、示していないことが原因です。もっと言うと、教師自身がねらい（単元や授業を通してどのような力を身につけさせるのか）を言語化できていないことが原因です。

単元のめあてを教師が言語化し、「本時のめあては何か」という段階までおろすこと。授業に際して、子どもが「本時のめあては何か」をつかんでいること。

これが、教師が「よくできているね」と子どもを評価する際の指標になり、これが、子どもが自分自身の学びや友だちの学びを目の当たりにした際「よくできているね」と自己評価・相互評価する指標になるのです。

単元のめあてを言語化し、「本時のめあては何か」という段階までおろすためには、単元を通じてどのような力を身につけさせるのかを細分化し、具体的に描く必要があります。また、授業に際して、子どもが本時のめあてを「今日はこれだ！」とつかめるようにするためには、**子ども自身がめあてに対して能動的に働きかける機会が必要**です。

そのための方法を、次ページ以降の事例で解説します。

事例解説『ウミガメの命をつなぐ』

『ウミガメの命をつなぐ』（4年）の、意味段落ごとの小見出しづくりを例にとります。

「今日は、意味段落ごとに小見出しをつくります」

この時点では学習活動を示しただけです。そのため、子どもは自分なりのめあてをもてたわけではありません。そこで、この後、次のようにめあてを示します。

ア　意味段落の中から、大事な言葉を見つけます。
　　それについて、詳しく書いてあるか、図や写真があるか、などで確かめます。
イ　意味段落の大事な言葉が入った小見出しをつけます。
　　体言止めで書きます。

ア、イのどちらかをめあてに選びましょう。

ポイントとなるのは、**子ども自身に本時のめあてを選択させている**ことです。子どもが本時の学習を進めていくうえで妥当なめあてを選べるようになるまでは、教師がガイドしてあげるとよいでしょう。

また、私の学級では、「めあてのポイント」として、**単元全体に渡ってめあてとそのポイントをまとめた一覧表**を提示しています（次ページ参照）。教師がめあてを言語化することで授業の軸がぶれにくく、かつ、子どもも単元を通して具体的なめあてを意識して学習を進められます。

このようにして、教師と子どもの間で学習のめあてを共有できると、「先生は私ががんばりたいと思っていることを認めてくれている」「友だちは、私のめあてと同じ（異なる）ことを達成するために学んでいる」などと感じながら、自己評価や相互評価をするようになります。教師の評価と子どもの評価が同じ指標になることは、とても重要なことです。

要約感想文チャートで読みをまとめよう（ウミガメの命をつなぐ）　　めあて・ふりかえり表

4年　組　名前（　　　　　　　）

1　めあてのポイント（ア・イ・ウ）と、説明

	ア　言葉の知識・技	イ　見方・考え方	ウ　学習への思い・態度
説明	①主語と述語を表したり、指示語の中身を確かめたりする。 ☆「だれが・何がどうする」をはっきりさせる。 ☆「これ・あれ・それ・どれ」の中身が分かる。 ②段落の役割から大事な言葉の大事さが分かる。 ☆この意味段落は「始め」「中」「終わり」 ☆～がくわしく書いてあるから、大事だ。 ③「Aだし、Bだ。だから、Cだ。」という表し方を見つける。 ☆ A…一つの説明 ☆ B…もう一つの説明 ☆ C…AとBを合わせて、言えること。 ④ 大事な言葉や文を引用する。 ＊引用…本や文章の文、語句などをそのまま抜き出すこと ☆ 文章の通りに、一語一句、正しく書く。 ☆ 引用は必ず「　」でくくる。 へえ、自分と同じだ。 あ、自分とはちがうんだ。	① 大事な言葉にサイドラインを引く。 ☆主語・述語に○ ☆指示語の中身に→ ☆意味段落の要点は赤線を引こう。 ② 意味段落の大事な言葉が入った小見出しを付ける。 ☆大事な言葉を入れる。 ☆「～したこと」「～の実験」など、**体言止め。** ③ 小見出しの言葉を使って、説明文のきょうみがある所を120～200文字以内で要約する。 名古屋港水族館の取り組みが面白いなぁ。この部分を要約しよう。 ＊要約…目的や必要に応じて、文章や話の全体、または一部を短くまとめること。 ④ 大事な言葉や文を引用しつつ、120～200文字以内の感想を書く。 自分の経験と説明文の引用が感想とどう関係するか、くわしく書こう。 ⑤ 考えを伝え合って、自分と友達の感じたことがちがったり同じだったりすることに気がつく。	① 昨日の学習をふまえて、今日のめあてをもつ。 昨日は…だったから、今日は～をめあてにして学習しよう！ ② 大事な言葉が入った小見出しを、他の小見出しをもとにより良いものにしようとする。 「AではなくBなのは…。」 「Aだし、Bだ。だから、Cだ。」と考えたら、～の方がいい。 ③ 説明文の内容から考えたことを進んで伝え合おうとする。 「Aだし、Bだ。だからCだ。」っていう見方・考え方は話し合いや文を書く時に使える！ ④ 友達と「要約感想文チャート」を読み合い、進んで感想を伝える。 …から考えたんだ！ぼくも～って思ったよ。面白いよね。

【執筆者一覧】

二瓶　弘行　序章
（桃山学院教育大学）

青木　伸生　第１章
（筑波大学附属小学校）

河合　啓志　第２章
（大阪府池田市教育委員会）

小林　康宏　第３章
（和歌山信愛大学）

藤原　隆博　第４章，第９章
（東京都江戸川区立船堀第二小学校）

広山　隆行　第５章
（島根県松江市立大庭小学校）

藤井　大助　第６章
（香川県高松市立下笠居小学校）

菊地　南央　第７章
（福島県田村市立要田小学校）

佐藤　　司　第８章
（大阪府豊中市立寺内小学校）

【編著者紹介】

二瓶　弘行（にへい　ひろゆき）

桃山学院教育大学教授

前筑波大学附属小学校教諭

東京書籍小学校国語教科書『新編　新しい国語』編集委員

青木　伸生（あおき　のぶお）

筑波大学附属小学校教諭

全国国語授業研究会会長

教育出版小学校国語教科書『ひろがる言葉　小学国語』編集委員

【著者紹介】

国語“夢”塾（こくご“ゆめ”じゅく）

小学校国語　説明文の授業技術大全

2019年８月初版第１刷刊　©編著者　二　瓶　弘　行

青　木　伸　生

発行者　藤　原　光　政

発行所　明治図書出版株式会社

http://www.meijitosho.co.jp

（企画）矢口郁雄（校正）大内奈々子

〒114-0023　東京都北区滝野川7-46-1

振替00160-5-151318　電話03(5907)6701

ご注文窓口　電話03(5907)6668

＊検印省略　組版所　株　式　会　社　カ　シ　ヨ

Printed in Japan　ISBN978-4-18-302227-1